2025년도 제36회 시험대비 THE LAST 모의고사
정지웅 공인중개사법·중개실무

회차	문제수	시험과목
1회	40	공인중개사법·중개실무

수험번호		성명	

【수험자 유의사항】

1. 시험문제지의 **총면수, 문제번호, 일련순서, 인쇄상태** 등을 확인하시고, 문제지 표지에 수험번호와 성명을 기재하시기 바랍니다.

2. 답은 각 문제마다 요구하는 **가장 적합하거나 가까운 답 1개**만 선택하고, 답안카드 작성 시 시험문제지 **마킹착오**로 인한 불이익은 전적으로 **수험자에게 책임**이 있음을 알려드립니다.

3. 답안카드는 국가전문자격 공통 표준형으로 문제번호가 1번부터 125번까지 인쇄되어 있습니다. 답안 마킹 시에는 반드시 **시험문제지의 문제번호와 동일한 번호**에 마킹하여야 합니다.

4. **감독위원의 지시에 불응하거나 시험시간 종료 후 답안카드를 제출하지 않을 경우 불이익이 발생할 수 있음**을 알려드립니다.

5. 시험문제지는 시험 종료 후 가져가시기 바랍니다.

6. 답안작성은 **시험시행일 현재 시행되는 법령** 등을 적용하시기 바랍니다.

7. 가답안 의견제시에 대한 개별회신 및 공고는 하지 않으며, **최종 정답 발표로 갈음합니다.**

8. 시험 중 **중간 퇴실은 불가**합니다. 단, 부득이하게 퇴실할 경우 **시험 포기각서 제출 후 퇴실은 가능**하나 **재입실이 불가**하며, **해당시험은 무효처리됩니다.**

박문각은 여러분의 제36회 공인중개사 시험 합격을 진심으로 응원합니다!

공인중개사의 업무 및 부동산 거래신고에 관한 법령 및 중개실무

1. 「공인중개사법」에서 사용하는 용어에 관한 설명으로 옳은 것을 모두 고른 것은?

   ㄱ. 개업공인중개사는 중개사무소의 개설등록을 한 공인중개사를 말한다.
   ㄴ. 개업공인중개사인 법인의 공인중개사가 아닌 임원으로서 중개업무를 수행하는 자는 소속공인중개사에 해당한다.
   ㄷ. 개업공인중개사에 소속된 공인중개사로서 중개업무를 보조하는 자는 소속공인중개사에 해당한다.
   ㄹ. 공인중개사로서 개업공인중개사에 소속되어 중개업무와 관련된 단순한 업무를 보조하는 자는 중개보조원에 해당한다.

   ① ㄱ ② ㄷ ③ ㄱ, ㄷ
   ④ ㄱ, ㄴ, ㄷ ⑤ ㄱ, ㄴ, ㄷ, ㄹ

2. 공인중개사법령상 중개 및 중개업에 관한 설명으로 틀린 것은?(다툼이 있으면 판례에 따름)

   ① 건축물에 대하여 거래당사자 간의 전세권의 양도를 알선하는 행위는 중개에 해당한다.
   ② 중개의뢰인이 개업공인중개사에게 소정의 중개보수를 지급하지 않은 경우에도 개업공인중개사는 중개대상물 확인·설명을 소홀히 하여 발생한 손해에 대하여 손해배상책임을 진다.
   ③ 개업공인중개사에게 미등기 부동산의 전매에 대하여 중개를 의뢰한 거래당사자를 「공인중개사법」 위반죄로 처벌할 수 없다.
   ④ 다른 사람의 의뢰에 의하여 일정한 보수를 받고 저당권 설정에 관한 행위의 알선을 업으로 한 것은 중개업에 해당한다.
   ⑤ 중개사무소 개설등록을 하지 않고 중개업을 한 자가 거래당사자와 체결한 과다하지 않은 중개보수의 약정은 유효하다.

3. 공인중개사법령상의 중개대상물에 해당하는 것을 모두 고른 것은?(다툼이 있으면 판례에 따름)

   ㄱ. 아파트 분양예정자로 선정될 수 있는 지위를 가리키는 아파트입주권
   ㄴ. 동·호수를 특정하여 분양계약이 체결된 미완성의 아파트
   ㄷ. 「공장 및 광업재단저당법」에 따른 광업재단
   ㄹ. 경매개시결정등기가 된 토지

   ① ㄱ, ㄹ ② ㄴ, ㄷ ③ ㄷ, ㄹ
   ④ ㄱ, ㄴ, ㄹ ⑤ ㄴ, ㄷ, ㄹ

4. 공인중개사법령상 개업공인중개사 등의 교육에 관한 설명으로 옳은 것을 모두 고른 것은?

   ㄱ. 중개보조원은 직무교육을 받은 후 2년마다 시·도지사가 실시하는 연수교육을 받아야 한다.
   ㄴ. 소속공인중개사로서 고용관계 종료신고 후 15개월이 된 때 중개사무소 개설등록을 신청하려는 자는 실무교육을 받지 않아도 된다.
   ㄷ. 국토교통부장관은 소속공인중개사가 부동산거래사고 예방 등을 위하여 교육을 받는 경우에는 교육 실시에 따른 강사비를 지원할 수 있다.

   ① ㄱ ② ㄷ ③ ㄱ, ㄴ
   ④ ㄴ, ㄷ ⑤ ㄱ, ㄴ, ㄷ

5. 공인중개사법령상 공인중개사 자격시험제도에 관한 설명으로 틀린 것은?

   ① 국토교통부장관이 직접 공인중개사 자격시험을 시행하려는 경우에는 심의위원회 의결을 미리 거쳐야 한다.
   ② 공인중개사 자격이 취소된 후 2년이 된 자는 중개보조원이 될 수 없다.
   ③ 공인중개사가 다른 사람에게 자기의 성명을 사용하여 중개업무를 하게 하는 행위를 알선한 자는 1년 이하의 징역 또는 1천만원 이하의 벌금에 처한다.
   ④ 시험은 매년 1회 이상 시행하되, 심의위원회 의결을 거쳐 해당 연도에는 시행하지 않을 수 있다.
   ⑤ 국토교통부장관은 자격시험의 합격자에게 국토교통부령으로 정하는 바에 따라 공인중개사자격증을 교부해야 한다.

6. 공인중개사법령상 법인의 중개사무소 개설등록에 관한 설명으로 옳은 것은?(다른 법률에 따라 중개업을 할 수 있는 경우는 제외됨)

   ① 「건축법」상 가설건축물대장에 기재된 건물에 중개사무소 개설등록을 할 수 있다.
   ② 중개사무소 개설등록을 하고자 하는 「상법」상 회사의 경우 자본금이 4억원 이상이어야 한다.
   ③ 합명회사의 경우 사원의 전원이 등록신청일 전 1년 이내에 등록관청이 실시하는 실무교육을 받아야 한다.
   ④ 중개업과 함께 토지의 분양대행을 영위할 목적으로 설립된 법인은 중개사무소 개설등록을 할 수 없다.
   ⑤ 대표자를 포함한 임원 또는 사원의 3분의 1 이상은 공인중개사이어야 한다.

7. 「공인중개사법」상 중개사무소의 개설등록의 결격사유에 해당하는 자를 모두 고른 것은?

> ㄱ. 금고형의 실형을 선고받고 그 형의 집행이 면제된 날부터 2년이 된 자
> ㄴ. 이중으로 중개사무소 개설등록을 한 것을 이유로 중개사무소 개설등록이 취소된 후 1년이 된 자
> ㄷ. 공인중개사의 직무와 관련하여 「형법」상 사기죄로 300만원의 벌금형을 선고받고 3년이 지나지 아니한 자
> ㄹ. 피특정후견인

① ㄱ, ㄴ ② ㄴ, ㄷ ③ ㄷ, ㄹ
④ ㄱ, ㄴ, ㄷ ⑤ ㄴ, ㄷ, ㄹ

8. 공인중개사법령상 법인인 개업공인중개사가 겸업할 수 있는 업무로 옳은 것은?
① 상업용 건축물의 임대업
② 상업용 건축물 부지의 분양대행
③ 공인중개사인 개업공인중개사를 대상으로 한 중개업의 경영기법 제공
④ 이사업체의 운영
⑤ 토지의 개발대행

9. 공인중개사법령상 공인중개사인 개업공인중개사 甲과 그가 고용한 소속공인중개사 乙에 관한 설명으로 옳은 것은?
① 乙은 고용신고일 전 1년 이내에 직무교육을 받아야 한다.
② 乙의 모든 행위는 甲의 행위로 본다.
③ 甲은 乙과 고용관계를 종료한 때에는 종료일부터 7일 이내에 등록관청에 신고해야 한다.
④ 甲이 중개행위를 함에 있어서 고의로 중개의뢰인에게 재산상의 손해를 입힌 경우 乙도 함께 손해배상책임을 진다.
⑤ 乙이 중개의뢰인과 직접거래를 하여 자격정지처분을 받는 경우 등록관청은 甲의 중개사무소 개설등록을 취소할 수 있다.

10. 공인중개사법령상 분사무소에 관한 설명으로 옳은 것은?
① 주된 사무소의 소재지가 속한 시·군·구에 분사무소를 둘 수 있다.
② 분사무소 설치신고서에는 책임자의 실무교육 수료확인증 사본을 첨부하지 않아도 된다.
③ 등록관청은 분사무소 설치신고를 받은 사실을 공인중개사협회에 통보하여야 한다.
④ 다른 법률의 규정에 따라 중개업을 할 수 있는 법인의 분사무소인 경우에는 공인중개사를 책임자로 두어야 한다.
⑤ 공인중개사인 개업공인중개사는 등록관청에 신고하고 관할구역 외의 지역에 분사무소를 둘 수 있다.

11. 공인중개사법령상 소속공인중개사 甲의 인장등록에 관한 설명으로 틀린 것은?
① 甲은 업무를 개시하기 전에 중개행위에 사용할 인장을 등록관청에 등록해야 한다.
② 甲이 등록한 인장을 변경한 경우에는 변경일로부터 7일 이내에 그 변경된 인장을 등록관청에 등록해야 한다.
③ 甲이 거래계약서에 등록하지 않은 인장을 사용한 것은 자격정지사유에 해당한다.
④ 甲의 인장등록은 전자문서로 할 수 없다.
⑤ 甲의 인장등록은 고용신고와 같이 할 수 있다.

12. 공인중개사법령상 중개업의 휴업과 폐업에 관한 설명으로 옳은 것은?
① 취학의 사유가 있는 경우에는 6개월을 초과하여 휴업할 수 있다.
② 3개월을 초과하는 휴업신고는 전자문서에 의하여 할 수 있다.
③ 법인인 개업공인중개사의 분사무소는 주된 중개사무소와 별도로 휴업할 수 없다.
④ 휴업기간 변경신고서에는 중개사무소등록증을 첨부해야 한다.
⑤ 폐업신고를 하지 않고 폐업한 개업공인중개사에 대하여는 500만원 이하의 과태료를 부과한다.

13. 공인중개사법령상 X토지의 매도의뢰인 甲과 개업공인중개사 乙의 중개계약에 관한 설명으로 틀린 것은?

① 甲과 乙의 전속중개계약은 국토교통부령으로 정하는 계약서에 의해야 한다.
② 甲은 일반중개계약서에 乙이 준수해야 할 사항의 기재를 요청할 수 있다.
③ 전속중개계약을 체결한 乙은 甲의 비공개 요청이 없는 한 부동산거래정보망 또는 일간신문에 X토지에 대한 소유자의 성명을 공개해야 한다.
④ 乙은 甲에게 전속중개계약 체결 후 2주일에 1회 이상 업무처리상황을 문서로 통지해야 한다.
⑤ 국토교통부장관은 일반중개계약의 표준이 되는 서식을 정하여 그 사용을 권장할 수 있다.

14. 공인중개사법령상 개업공인중개사 甲의 중개대상물 확인·설명 의무에 관한 설명으로 틀린 것을 모두 고른 것은? (확인·설명사항이 공인전자문서센터에 보관된 경우를 제외함)

ㄱ. 등록관청은 중개대상물 확인·설명서를 교부하지 아니한 甲에게 500만원 이하의 과태료를 부과한다.
ㄴ. 甲이 주택의 매매계약을 중개하는 경우에는 관리비의 금액과 그 산출내역을 확인·설명해야 한다.
ㄷ. 甲은 중개대상물 확인·설명서의 원본, 사본 또는 전자문서를 3년 동안 보존해야 한다.

① ㄱ ② ㄷ ③ ㄱ, ㄴ
④ ㄱ, ㄷ ⑤ ㄱ, ㄴ, ㄷ

15. 공인중개사법령상 비주거용 건축물의 확인·설명서[Ⅱ]에 기재할 사항이 아닌 것은?

① 일조량, 소음, 진동
② 계약갱신요구권 행사 여부
③ 도로, 대중교통, 주차장
④ 관리에 관한 사항
⑤ 실제권리관계 또는 공시되지 않은 물건의 권리

16. 공인중개사법령상 개업공인중개사의 중개로 토지의 매매계약을 체결한 후 계약금 등의 반환채무이행의 보장을 위해 매수인이 지급한 계약금과 중도금을 개업공인중개사의 명의로 금융기관에 예치하였다. 이에 관한 설명으로 옳은 것은?

① 개업공인중개사는 거래의 안전을 보장하기 위하여 잔금도 예치하도록 권고해야 한다.
② 잔금은 개업공인중개사가 고용한 중개보조원의 명의로 예치할 수 있다.
③ 개업공인중개사는 거래당사자 동의 없이 예치된 계약금을 인출할 수 있다.
④ 개업공인중개사는 계약의 이행이 완료된 때 예치된 계약금 및 중도금의 인출에 대한 거래당사자의 동의방법을 약정해야 한다.
⑤ 계약금 등의 반환채무이행의 보장을 위해 소요된 실비는 별도의 약정이 없는 한 매도인이 부담한다.

17. 공인중개사법령상 개업공인중개사에게 금지되는 행위를 모두 고른 것은?

ㄱ. 매도의뢰인의 위임을 받아 매수의뢰인과 매매계약을 체결하는 행위
ㄴ. 중개대상물 표시·광고를 함에 있어서 소속공인중개사를 함께 명시하는 행위
ㄷ. 주택의 매매를 업으로 하는 행위
ㄹ. 온라인 커뮤니티를 이용하여 특정 가격 이하로 중개를 의뢰하지 아니하도록 유도하는 행위

① ㄱ, ㄴ ② ㄴ, ㄷ ③ ㄷ, ㄹ
④ ㄴ, ㄷ, ㄹ ⑤ ㄱ, ㄴ, ㄷ, ㄹ

18. 공인중개사법령상 개업공인중개사의 손해배상책임 및 보증에 관한 설명으로 틀린 것은?

① 개업공인중개사가 그 보증을 다른 보증으로 변경하고자 하는 경우에는 이미 설정한 보증의 효력이 만료되는 즉시 다른 보증으로 설정하고 등록관청에 신고해야 한다.
② 개업공인중개사는 업무를 개시하기 전에 손해배상책임을 보장하기 위하여 보증보험 또는 공제에 가입하거나 공탁을 해야 한다.
③ 개업공인중개사가 공탁금으로 손해배상을 한 경우에는 15일 이내에 보증보험 또는 공제에 가입하거나 공탁금 중 부족하게 된 금액을 보전해야 한다.
④ 공탁금은 개업공인중개사가 폐업한 날부터 3년 이내에 회수할 수 없다.
⑤ 개업공인중개사가 손해배상책임을 보장하기 위한 조치를 이행하지 아니하고 업무를 개시한 경우 등록관청은 개설등록을 취소할 수 있다.

19. 공인중개사법령상 개업공인중개사의 중개보수 및 실비에 관한 설명으로 옳은 것은?

① 중개보수의 지급시기는 당사자 간의 별도의 약정이 없는 한 거래계약이 체결된 날로 한다.
② 주택 외의 중개대상물에 대한 중개보수는 국토교통부령으로 정하는 범위 안에서 시·도 조례로 정한다.
③ 실비의 한도 등에 관하여 필요한 사항은 국토교통부령으로 정하는 범위 안에서 시·도 조례로 정한다.
④ 중개보수를 받은 경우에는 실비를 별도로 받을 수 없다.
⑤ 중개보수에는 부가가치세가 포함된 것으로 본다.

20. 공인중개사법령상 공제사업의 운영위원회에 관한 설명으로 옳은 것을 모두 고른 것은?

> ㄱ. 운영위원회는 성별을 고려하여 구성해야 한다.
> ㄴ. 위원장 및 부위원장은 위원 중에서 각각 호선(互選)한다.
> ㄷ. 위원장이 부득이한 사유로 직무를 수행할 수 없게 된 때에는 부위원장이 직무를 대행한다.
> ㄹ. 운영위원회 위원은 19명 이내로 한다.

① ㄱ, ㄴ   ② ㄴ, ㄷ   ③ ㄱ, ㄴ, ㄷ
④ ㄴ, ㄷ, ㄹ   ⑤ ㄱ, ㄴ, ㄷ, ㄹ

21. 공인중개사법령상 포상금에 관한 설명으로 옳은 것은?

① 포상금의 지급에 소요되는 비용 중 국고에서 보조할 수 있는 비율은 100분의 50 이상으로 한다.
② 등록관청은 포상금 지급결정일부터 2개월 이내에 포상금을 지급해야 한다.
③ 고발사건에 대하여 검사가 공소제기 후 형사재판에서 무죄판결을 받은 경우에는 포상금을 지급하지 않는다.
④ 공인중개사가 아닌 자로서 '공인중개사'라는 명칭을 사용한 자를 고발한 경우는 포상금 지급대상에 해당하지 않는다.
⑤ 등록관청은 하나의 사건에 대하여 2건 이상의 신고가 접수된 경우에는 건수에 따라 균등하게 배분하여 포상금을 지급한다.

22. 공인중개사법령상 개업공인중개사에 대한 행정처분에 관한 설명으로 틀린 것은?

① 법인인 개업공인중개사가 폐업신고를 한 후 대표자가 공인중개사인 개업공인중개사로 중개사무소 개설등록을 하는 경우에는 대표자가 폐업신고 전의 법인인 개업공인중개사의 지위를 승계한다.
② 폐업신고 전의 개업공인중개사에 대하여 행한 업무정지처분의 효과는 그 처분일로부터 13개월이 된 때 재등록한 개업공인중개사에게 승계된다.
③ 2년 10개월간 폐업 후 재등록한 개업공인중개사에 대하여 등록관청은 폐업신고 전에 거짓으로 중개사무소 개설등록을 한 것을 이유로 중개사무소 개설등록을 취소해야 한다.
④ 15개월간 폐업 후 재등록한 개업공인중개사에 등록관청은 폐업 전에 거래계약서를 교부하지 않은 것을 이유로 업무정지처분을 할 수 없다.
⑤ 재등록한 개업공인중개사에 대하여 폐업 전의 사유로 업무정지처분을 하는 경우에는 폐업의 사유를 고려해야 한다.

23. 공인중개사법령상 등록관청이 중개사무소 개설등록을 취소해야 하는 사유를 모두 고른 것은?

> ㄱ. 개업공인중개사인 법인이 해산한 경우
> ㄴ. 거래계약서에 거래금액을 거짓으로 기재한 경우
> ㄷ. 자격정지처분을 받은 소속공인중개사로 하여금 자격정지기간 중에 중개업무를 하게 한 경우
> ㄹ. 최근 1년 이내에 「공인중개사법」을 위반하여 2회의 과태료와 1회의 업무정지처분을 받고 다시 업무정지 사유에 해당하는 위반행위를 한 경우

① ㄱ, ㄷ   ② ㄱ, ㄹ   ③ ㄱ, ㄷ, ㄹ
④ ㄴ, ㄷ, ㄹ   ⑤ ㄱ, ㄴ, ㄷ, ㄹ

24. 공인중개사법령상 등록관청이 개업공인중개사에게 업무정지처분을 할 수 있는 경우가 아닌 것은?

① 부동산거래정보망에 중개대상물의 정보를 거짓으로 공개한 경우
② 법령상 상한액을 초과하여 중개보수를 받은 경우
③ 최근 1년 이내에 1회의 업무정지처분을 받고 다시 과태료처분 사유에 해당하는 위반행위를 한 경우
④ 부득이한 사유가 없음에도 계속하여 6개월을 초과하여 휴업한 경우
⑤ 중개행위에 등록하지 않은 인장을 사용한 경우

25. 공인중개사법령상 개업공인중개사에 대한 벌칙 규정 내용이 옳게 연결된 것을 모두 고른 것은?

> ㄱ. 정당한 사유 없이 개업공인중개사 등의 중개대상물에 대한 정당한 표시·광고 행위를 방해하는 행위를 한 자 – 1년 이하의 징역 또는 1천만원 이하의 벌금
> ㄴ. 개업공인중개사가 아닌 자로서 사무소의 명칭에 "부동산중개"와 유사한 명칭을 사용한 자 – 100만원 이하의 과태료
> ㄷ. 거짓 그 밖의 부정한 방법으로 중개사무소의 개설등록을 한 자 – 3년 이하의 징역 또는 3천만원 이하의 벌금
> ㄹ. 둘 이상의 중개사무소에 소속된 자 – 1년 이하의 징역 또는 1천만원 이하의 벌금

① ㄱ, ㄴ ② ㄱ, ㄷ ③ ㄴ, ㄷ
④ ㄴ, ㄹ ⑤ ㄷ, ㄹ

26. 부동산 거래신고 등에 관한 법령상 부동산 거래신고에 관한 설명으로 옳은 것은?

① 「도시개발법」에 따른 공급계약을 통하여 부동산을 공급받는 자로 선정된 지위의 매매계약은 신고대상에 포함되지 않는다.
② 「건축법」에 따라 공급된 건축물의 매매계약은 신고대상에 포함된다.
③ 부동산 거래신고는 계약체결일로부터 60일 이내에 해야 한다.
④ 개업공인중개사가 공인중개사법령에 따라 거래계약서를 작성·교부하고 거래당사자가 부동산 거래신고를 한 경우 개업공인중개사는 신고의무가 없다.
⑤ 부동산 거래신고를 하려는 개업공인중개사는 부동산거래계약 신고서에 서명 또는 날인하여 중개사무소 소재지를 관할하는 시장·군수 또는 구청장에게 제출해야 한다.

27. 부동산 거래신고 등에 관한 법령상 부동산거래계약에 대한 변경신고를 할 수 있는 경우를 모두 고른 것은?

> ㄱ. 잔금 및 지급일이 변경된 경우
> ㄴ. 부동산 등이 다수인 경우에서 일부 부동산 등이 추가된 경우
> ㄷ. 거래의 기한이 변경된 경우
> ㄹ. 건축물의 종류가 변경된 경우

① ㄱ, ㄴ ② ㄱ, ㄷ ③ ㄴ, ㄷ
④ ㄴ, ㄹ ⑤ ㄷ, ㄹ

28. 부동산 거래신고 등에 관한 법령상 甲이 토지의 취득에 필요한 자금의 조달계획을 신고관청에 신고해야 하는 경우를 모두 고른 것은?(단, 甲, 乙, 丙, 丁은 자연인이고 戊는 지방자치단체이며 해당 토지는 토지거래허가구역 외의 지역에 소재하는 나대지임)

> ㄱ. 甲이 서울특별시에 소재하는 乙 소유 토지를 1억원에 매수하는 경우
> ㄴ. 甲이 수도권 등 외의 지역에 소재하는 丙 소유 토지를 5억원에 매수하는 경우
> ㄷ. 甲이 수도권 등 외의 지역에 소재하는 丁 소유 토지의 지분을 5억원에 매수하는 경우
> ㄹ. 甲이 세종특별자치시에 소재하는 戊 소유 토지의 지분을 7천만원에 매수하는 경우

① ㄱ, ㄴ ② ㄱ, ㄹ ③ ㄴ, ㄷ
④ ㄱ, ㄴ, ㄹ ⑤ ㄴ, ㄷ, ㄹ

29. 부동산 거래신고 등에 관한 법령상 개업공인중개사가 대한민국 내 부동산 등을 취득하려는 외국인에게 설명한 내용으로 틀린 것은?

① 「야생생물 보호 및 관리에 관한 법률」에 따른 야생생물 특별보호구역의 토지를 취득하고자 할 때에는 계약체결 전에 신고관청의 허가를 받아야 한다.
② 신고관청의 허가 없이 「문화유산의 보존 및 활용에 관한 법률」에 따른 지정문화유산과 이를 위한 보호물 또는 보호구역 내의 토지를 취득하는 계약을 체결한 경우 그 효력이 발생하지 아니한다.
③ 부동산을 증여받은 경우에는 계약체결일로부터 60일 이내에 신고관청에 신고해야 한다.
④ 건축물의 재축으로 부동산을 취득하고 이를 신고하지 아니한 경우에는 300만원 이하의 과태료를 부과한다.
⑤ 확정판결로 부동산을 취득한 경우 취득한 날부터 6개월 이내에 신고관청에 신고해야 한다.

30. 부동산 거래신고 등에 관한 법령상 토지거래허가구역에 관한 설명으로 틀린 것은?

① 법령에 의한 개발사업이 예정되어 있는 지역의 인근지역으로서 지가가 급격히 상승하거나 그러한 우려가 있는 지역은 허가구역으로 지정할 수 있다.
② 허가대상인 토지에 대해 대가를 받고 지상권을 설정하는 계약을 체결하려는 당사자는 공동으로 관할 시·도지사의 허가를 받아야 한다.
③ 시·도지사는 허가구역의 지정을 해제하려면 시·도도시계획위원회의 심의를 거쳐야 한다.
④ 허가구역의 지정은 국토교통부장관 또는 시·도지사가 허가구역의 지정을 공고한 날부터 5일 후에 그 효력이 발생한다.
⑤ 허가신청서를 받은 허가관청은 지체 없이 필요한 조사를 하고 신청서를 받은 날부터 15일 이내에 허가 또는 불허가 처분을 해야 한다.

31. 부동산 거래신고 등에 관한 법령상 토지거래계약을 허가받은 자가 그 토지를 허가받은 목적대로 이용하지 않을 수 있는 예외사유가 아닌 것은?

① 허가기준에 적합하게 당초의 이용목적을 변경하는 경우로서 허가관청의 승인을 얻은 경우
② 「병역법」에 따라 복무하는 경우
③ 「건축법 시행령」에 따른 공동주택 중 다세대주택인 건축물을 취득하여 실제로 이용하는 자가 해당 건축물의 일부를 임대하는 경우
④ 「건축법 시행령」에 따른 단독주택 중 다중주택인 건축물을 취득하여 실제로 이용하는 자가 해당 건축물의 일부를 임대하는 경우
⑤ 「산업집적활성화 및 공장설립에 관한 법률」에 따른 공장을 취득하여 실제로 이용하는 자가 해당 공장의 일부를 임대하는 경우

32. 부동산 거래신고 등에 관한 법령상 토지거래허가구역 내의 토지에 대하여 토지거래에 대한 허가 규정을 적용하지 아니하는 사유를 모두 고른 것은?

ㄱ. 「민사집행법」에 따른 경매로 취득하는 경우
ㄴ. 「국유재산법」에 따른 국유재산종합계획에 따라 국유재산을 일반경쟁입찰로 처분하는 경우
ㄷ. 「도시개발법」에 따른 공급계획에 따라 토지를 공급하는 경우
ㄹ. 토지거래허가 신청 당사자의 한쪽이 국가 또는 지방자치단체인 경우

① ㄱ   ② ㄱ, ㄴ   ③ ㄴ, ㄷ
④ ㄱ, ㄴ, ㄷ   ⑤ ㄱ, ㄴ, ㄷ, ㄹ

33. 개업공인중개사가 묘지가 있는 토지를 매수하려는 중개의뢰인에게 설명한 내용으로 옳은 것을 모두 고른 것은? (다툼이 있으면 판례에 따름)

ㄱ. 토지 소유자가 분묘 수호·관리권자에 대하여 분묘의 설치를 승낙한 때에는 그 분묘의 기지에 관하여 분묘기지권을 설정한 것으로 보아야 한다.
ㄴ. 분묘기지권의 존속기간에 관하여는 「민법」의 지상권에 관한 규정에 따라야 한다.
ㄷ. 자기 소유 토지에 분묘를 설치한 사람이 그 토지를 양도하면서 분묘를 이장하겠다는 특약을 하지 않음으로써 분묘기지권을 취득한 경우, 분묘기지권자는 토지 소유자가 지료를 청구한 날부터의 지료를 지급할 의무가 있다.

① ㄱ   ② ㄷ   ③ ㄱ, ㄴ
④ ㄱ, ㄷ   ⑤ ㄱ, ㄴ, ㄷ

34. 토지를 매수하여 사설묘지를 설치하려는 중개의뢰인에게 개업공인중개사가 장사 등에 관한 법령에 관하여 설명한 내용으로 옳은 것은?

① 가족묘지를 설치한 자는 묘지를 설치한 후 30일 이내에 해당 묘지를 관할하는 시장 등에게 신고해야 한다.
② 문중묘지는 1천m^2 이하이어야 한다.
③ 1기의 분묘에 매장된 자와 배우자관계에 있던 자의 분묘를 같은 구역 안에 설치하는 묘지는 가족묘지에 해당한다.
④ 가족묘지는 학교로부터 500m 이상 떨어진 곳에 설치해야 한다.
⑤ 설치기간이 끝난 분묘의 연고자는 그 끝난 날부터 3개월 이내에 해당 분묘에 설치된 시설물을 철거하고 매장된 유골을 화장하거나 봉안해야 한다.

35. 개업공인중개사가 아파트를 매수하려는 의뢰인에게 「집합건물의 소유 및 관리에 관한 법률」의 내용에 관하여 설명한 것으로 틀린 것은?

① 규약으로써 달리 정한 경우에도 구분소유자는 그가 가지는 전유부분과 분리하여 대지사용권을 처분할 수 없다.
② 일부의 구분소유자만이 공용하도록 제공되는 것임이 명백한 공용부분은 그들 구분소유자의 공유에 속한다.
③ 공용부분에 대한 공유자의 지분은 그가 가지는 전유부분의 처분에 따른다.
④ 대지 위에 구분소유권의 목적인 건물이 속하는 1동의 건물이 있을 때에는 그 대지의 공유자는 그 건물 사용에 필요한 범위의 대지에 대하여는 분할을 청구하지 못한다.
⑤ 전유부분이 주거 용도로 분양된 경우, 구분소유자는 정당한 사유 없이 그 부분을 주거 외의 용도로 사용해서는 안 된다.

36. 甲과 친구 乙은 乙을 명의수탁자로 하는 계약명의신탁 약정을 하였고 이에 따라 乙은 2025. 9. 15. 丙 소유의 X토지를 매수하고 乙명의로 이전등기를 하였다. 이에 관한 설명으로 틀린 것은?(다툼이 있으면 판례에 따름)

① 甲과 乙 간의 약정은 무효이다.
② 丙이 甲과 乙 간에 명의신탁약정이 있다는 사실을 알지 못하는 경우 乙명의의 등기는 유효하다.
③ 丙이 명의신탁약정이 있다는 사실을 아는 경우 X토지의 소유자는 乙이다.
④ 乙이 甲과 乙 간에 명의신탁약정이 있다는 사실을 알고 있는 丁에게 토지를 처분한 경우 丁은 소유권을 취득한다.
⑤ 甲은 명의신탁약정을 해지하고 乙에게 소유권이전등기를 청구할 수 없다.

37. 개업공인중개사가 소유자 甲으로부터 X주택을 임차한 「주택임대차보호법」상 임차인 乙에게 설명한 내용으로 옳은 것은?(다툼이 있으면 판례에 따름)

① 임차권등기명령의 집행에 의한 임차권등기가 경료된 주택을 그 이후에 임차한 소액임차인 乙이 대항요건을 갖춘 경우 X주택의 경매시 보증금 중 일정액을 우선변제 받을 수 있다.
② 소액임차인 乙이 보증금 중 일정액을 담보물권자보다 우선변제를 받으려면 경매개시결정등기 전에 대항요건과 확정일자를 갖추어야 한다.
③ 甲은 2년 미만으로 정한 임대차기간의 유효함을 주장할 수 있다.
④ 乙의 우선변제권을 승계한 금융기관은 乙이 대항요건을 상실하더라도 우선변제권을 행사할 수 있다.
⑤ 임대차계약을 체결하려는 乙은 甲의 동의를 얻어 확정일자 부여기관에 해당 주택의 임대차계약에 관한 확정일자 부여일을 기록한 서면의 교부를 요청할 수 있다.

38. 개업공인중개사 丙이 서울특별시에 소재하는 甲 소유의 X상가건물을 乙이 보증금 3억원, 월차임 700만원으로 임차하는 계약을 중개하면서 甲과 乙에게 상가건물 임대차보호법령을 설명한 내용으로 틀린 것은?

① 甲과 乙의 임대차 계약이 묵시적으로 갱신된 경우 그 기간은 1년으로 본다.
② 乙이 X건물을 인도받고 사업자등록을 신청한 때에는 그 다음 날부터 제3자에 대하여 효력이 생긴다.
③ 乙이 대항요건을 갖추었더라도 X건물의 경매시 매각대금으로부터 다른 일반채권자보다 보증금을 우선변제 받을 수 없다.
④ 乙이 甲의 동의 없이 X건물의 일부를 전대한 경우, 甲은 乙의 계약갱신요구를 거절할 수 있다.
⑤ 乙의 계약갱신요구에 의해 갱신된 경우, 甲은 주변 상가건물의 차임을 고려하여 乙에게 월차임의 100분의 10에 해당하는 금액의 증액을 요청할 수 있다.

39. 개업공인중개사가 법원 경매에 관하여 중개의뢰인에게 설명한 내용으로 틀린 것은?

① 권리를 취득할 때에 경매신청 또는 압류가 있다는 것을 알았을 경우에는 압류에 대항하지 못한다.
② 부동산의 매각방법은 호가경매, 기일입찰 또는 기간입찰 중 집행법원이 정하는 바에 따른다.
③ 집행관은 법원의 허가를 얻어 법원 외의 장소에서 매각기일을 진행할 수 있다.
④ 매각허가결정에 항고하려는 자는 최저매각가격의 10분의 1에 해당하는 금전 또는 유가증권을 공탁해야 한다.
⑤ 매각허가결정이 확정되면 법원은 대금의 지급기한을 정하여 매수인과 차순위매수신고인에게 통지해야 한다.

40. 「공인중개사의 매수신청대리인 등록 등에 관한 규칙」의 내용에 관한 설명으로 틀린 것은?

① 소속공인중개사는 매수신청대리인 등록을 신청할 수 없다.
② 매수신청대리인으로 등록 후 매수신청대리 등록요건을 갖추지 않게 된 경우 지방법원장은 매수신청대리인 등록을 취소해야 한다.
③ 개업공인중개사가 「공인중개사법」에 따라 중개사무소를 휴업하였을 경우 지방법원장은 기간을 정하여 매수신청대리업무를 정지하는 처분을 해야 한다.
④ 매수신청대리인으로 등록한 개업공인중개사는 동일 부동산에 대하여 이해관계가 다른 2인 이상의 대리인이 되는 행위를 하여서는 아니 된다.
⑤ 개업공인중개사는 매수신청대리 보수표와 보수에 대하여 위임인에게 위임계약 전에 설명해야 한다.

2025년도 제36회 시험대비 THE LAST 모의고사
정지웅 공인중개사법·중개실무

회차	문제수	시험과목
2회	40	공인중개사법·중개실무

수험번호		성명	

【수험자 유의사항】

1. 시험문제지의 **총면수, 문제번호, 일련순서, 인쇄상태** 등을 확인하시고, 문제지 표지에 수험번호와 성명을 기재하시기 바랍니다.

2. 답은 각 문제마다 요구하는 **가장 적합하거나 가까운 답 1개**만 선택하고, 답안카드 작성 시 시험문제지 **마킹착오**로 인한 불이익은 전적으로 **수험자에게 책임**이 있음을 알려드립니다.

3. 답안카드는 국가전문자격 공통 표준형으로 문제번호가 1번부터 125번까지 인쇄되어 있습니다. 답안 마킹 시에는 반드시 **시험문제지의 문제번호와 동일한 번호**에 마킹하여야 합니다.

4. **감독위원의 지시에 불응하거나 시험시간 종료 후 답안카드를 제출하지 않을 경우** 불이익이 발생할 수 있음을 알려드립니다.

5. 시험문제지는 시험 종료 후 가져가시기 바랍니다.

6. 답안작성은 **시험시행일 현재 시행되는 법령** 등을 적용하시기 바랍니다.

7. 가답안 의견제시에 대한 개별회신 및 공고는 하지 않으며, **최종 정답 발표**로 갈음합니다.

8. 시험 중 **중간 퇴실은 불가**합니다. 단, 부득이하게 퇴실할 경우 **시험 포기각서 제출 후 퇴실은 가능**하나 **재입실이 불가**하며, **해당시험은 무효처리됩니다.**

박문각은 여러분의 제36회 공인중개사 시험 합격을 진심으로 응원합니다!

공인중개사의 업무 및 부동산 거래신고에 관한 법령 및 중개실무

1. 공인중개사법령에 관한 설명으로 옳은 것은?(다툼이 있으면 판례에 따름)

① 공인중개사는 이 법에 의하여 공인중개사 자격을 취득하고 개업공인중개사에게 소속된 자를 말한다.
② 시·도지사는 공인중개사의 직무와 관련하여 「형법」상 범죄단체 조직의 죄로 징역형의 집행유예를 선고받은 자에 대하여 공인중개사 자격을 취소해야 한다.
③ 개업공인중개사가 중개대상물 이외의 물건을 중개하는 경우에는 선량한 관리자의 주의로 권리관계 등을 조사·확인하여 의뢰인에게 설명할 의무가 없다.
④ 개업공인중개사가 아닌 자로서 중개업을 하기 위해 중개대상물의 표시·광고를 한 자에게는 과태료를 부과한다.
⑤ 중개보조원이 거래를 성사시켜 작성한 계약서에 개업공인중개사가 서명 및 날인을 한 경우는 공인중개사자격증 대여에 해당하지 않는다.

2. 공인중개사법령상 중개와 중개업에 관한 설명으로 틀린 것을 모두 고른 것은?(다툼이 있으면 판례에 따름)

ㄱ. 공인중개사 자격이 없는 자가 우연한 기회에 단 1회 중개행위를 하고 거래당사자와 체결한 중개보수 약정은 무효이다.
ㄴ. 공인중개사가 중개사무소 개설등록을 하지 않고 중개업을 한 경우도 「공인중개사법」상 형사처벌 대상이 된다.
ㄷ. 부동산의 거래를 중개한 후 보수를 받을 것을 약속하거나 요구하는 행위는 중개업에 해당한다.

① ㄱ ② ㄴ ③ ㄱ, ㄷ
④ ㄴ, ㄷ ⑤ ㄱ, ㄴ, ㄷ

3. 공인중개사법령상 공인중개사 정책심의위원회에 관한 설명으로 옳은 것은?

① 심의위원회 위원장은 국토교통부장관으로 한다.
② 심의위원회에서 중개보수 변경에 관한 사항을 심의한 경우 시·도지사는 이에 따라야 한다.
③ 심의위원회는 재적위원의 과반수 찬성으로 심의사항을 의결한다.
④ 위원회는 위원장을 포함하여 7명 이상 15명 이내의 위원으로 구성한다.
⑤ 국토교통부장관은 제척 사유에 해당하는 데도 불구하고 해당 안건의 심의·의결에서 회피하지 아니한 위원을 해촉(解囑)할 수 있다.

4. 공인중개사법령상 개업공인중개사 등의 결격사유에 해당하는 자를 모두 고른 것은?

ㄱ. 「도로교통법」을 위반하여 금고형의 집행유예를 선고받고 그 유예기간이 만료된 날부터 1년이 지난 자
ㄴ. 「공인중개사법」을 위반하여 400만원의 과태료 처분을 받고 2년이 지난 자
ㄷ. 업무정지처분을 받은 법인인 개업공인중개사의 업무정지사유가 발생한 후 처분받기 전에 선임된 임원이었던 자로서 해당 법인의 업무정지기간이 지나지 아니한 자
ㄹ. 업무정지기간 중에 중개업을 하여 중개사무소 개설등록이 취소된 후 3년이 지나지 아니한 자

① ㄱ, ㄴ ② ㄱ, ㄹ ③ ㄴ, ㄹ
④ ㄱ, ㄴ, ㄹ ⑤ ㄴ, ㄷ, ㄹ

5. 공인중개사법령상 중개사무소 개설등록에 관한 설명으로 옳은 것을 모두 고른 것은?

ㄱ. 공인중개사(소속공인중개사는 제외한다) 또는 법인이 아닌 자는 중개사무소의 개설등록을 신청할 수 없다.
ㄴ. 별지 서식 부동산중개사무소 개설등록신청서에는 개업공인중개사의 인장등록신고서가 포함되어 있다.
ㄷ. 법인은 중개사무소 개설등록신청서를 제출할 때 법인 등기사항증명서를 첨부해야 한다.
ㄹ. 「건축법」상 사용승인을 받았으나 건축물대장에 기재되지 않은 건물에 중개사무소 개설등록을 할 수 없다.

① ㄱ, ㄴ ② ㄱ, ㄹ ③ ㄴ, ㄷ
④ ㄱ, ㄴ, ㄷ ⑤ ㄴ, ㄷ, ㄹ

6. 공인중개사법령에 관한 설명으로 옳은 것은?

① 시·도지사는 둘 이상의 중개사무소에 소속된 소속공인중개사에 대하여 그 공인중개사 자격을 취소해야 한다.
② 개업공인중개사가 「공장 및 광업재단 저당법」에 따른 공장재단의 매매를 중개하고 작성하는 확인·설명서에는 입지조건을 적어야 한다.
③ 분사무소 설치신고서는 분사무소 소재지를 관할하는 등록관청에 제출해야 한다.
④ 법인이 아닌 개업공인중개사가 등록관청 관할 구역 외의 지역에 분사무소를 두려면 등록관청에 신고해야 한다.
⑤ 개업공인중개사가 중개대상물의 표시·광고를 하는 경우에는 중개사무소의 소재지를 명시해야 한다.

7. 공인중개사법령상 법인인 개업공인중개사가 겸업할 수 있는 업무를 모두 고른 것은?

    ㄱ. 주택의 관리대행
    ㄴ. 부동산의 개발업
    ㄷ. 주거이전에 부수되는 용역의 제공
    ㄹ. 경매 대상 동산에 대한 취득의 알선

    ① ㄱ ② ㄱ, ㄷ ③ ㄱ, ㄹ
    ④ ㄷ, ㄹ ⑤ ㄴ, ㄷ, ㄹ

8. 공인중개사법령상 A군에 중개사무소를 둔 공인중개사인 개업공인중개사 甲과 그가 고용한 중개보조원 乙에 관한 설명으로 옳은 것은?

    ① 甲은 乙을 고용한 때에는 실무교육을 받도록 한 후 업무개시 전까지 A군수에게 신고해야 한다.
    ② A군수는 乙을 대상으로 부동산거래사고 예방교육을 실시할 수 없다.
    ③ 甲이 乙을 고용하고 이를 A군수에게 신고하는 경우 전자문서에 의한 신고서로 제출할 수 없다.
    ④ 乙이 업무상 고의로 중개의뢰인 丙에게 재산상 손해가 발생한 경우 丙은 甲에게만 손해배상을 청구할 수 있다.
    ⑤ 乙이 중개보수를 초과하여 받은 사실로 A군수는 甲의 중개사무소 개설등록을 취소할 수 있다.

9. 공인중개사법령상 중개사무소의 설치 및 이전에 관한 설명으로 틀린 것은?

    ① 개업공인중개사가 중개사무소를 등록관청 관할지역 내로 이전하고 이전신고서를 제출하는 때에는 중개사무소등록증을 첨부해야 한다.
    ② 법인인 개업공인중개사의 주된 사무소에서 설치한 옥외광고물에는 대표자의 성명을 표기해야 한다.
    ③ 업무정지기간 중이 아닌 개업공인중개사 甲의 중개사무소를 공동으로 사용하기 위해 공인중개사 乙이 중개사무소 개설등록을 신청하는 때에는 甲의 승낙서를 첨부해야 한다.
    ④ 등록관청은 중개사무소 이전신고를 받은 사실을 공인중개사협회에 통보해야 한다.
    ⑤ 중개사무소의 이전사실을 신고한 후 간판을 철거하지 아니한 자에 대하여는 100만원 이하의 과태료를 부과한다.

10. 공인중개사법령상 분사무소에 관한 설명으로 틀린 것을 모두 고른 것은?

    ㄱ. 등록관청은 법인인 개업공인중개사에 대하여는 분사무소별로 업무의 정지를 명할 수 있다.
    ㄴ. 법인인 개업공인중개사는 분사무소의 이전신고서에 중개사무소등록증을 첨부해야 한다.
    ㄷ. 법인인 개업공인중개사가 분사무소를 등록관청 관할 지역 외로 이전한 경우 이전 후의 분사무소를 관할하는 등록관청에 이전사실을 신고해야 한다.

    ① ㄱ ② ㄴ ③ ㄱ, ㄴ
    ④ ㄴ, ㄷ ⑤ ㄱ, ㄴ, ㄷ

11. 공인중개사법령상 중개업의 휴업과 폐업에 관한 설명으로 옳은 것은?

    ① 개업공인중개사가 중개업을 폐업한 때에는 지체 없이 그 사실을 등록관청에 신고해야 한다.
    ② 휴업기간의 변경신고를 하지 아니한 자에 대하여 등록관청이 부과할 수 있는 과태료의 부과기준은 20만원이다.
    ③ 질병으로 인한 요양 등 부득이한 사유가 없는 한 휴업기간은 3개월을 초과할 수 없다.
    ④ 휴업한 중개업의 재개신고는 전자문서로 할 수 없다.
    ⑤ 부동산중개업의 휴업신고서는 관할 세무서장에게 제출할 수 없다.

12. 공인중개사법령상 법인인 개업공인중개사가 인터넷을 이용하지 않는 중개대상물의 표시·광고를 하는 경우에 명시해야 할 사항을 모두 고른 것은?

    ㄱ. 대표자의 성명   ㄴ. 중개사무소의 등록번호
    ㄷ. 건축물의 총 층수 ㄹ. 거래형태
    ㅁ. 주차대수

    ① ㄱ, ㄴ ② ㄱ, ㄴ, ㄷ
    ③ ㄷ, ㄹ, ㅁ ④ ㄱ, ㄴ, ㄷ, ㄹ
    ⑤ ㄱ, ㄴ, ㄷ, ㄹ, ㅁ

13. 공인중개사법령상 중개대상물의 표시·광고 모니터링에 관한 설명으로 ( ) 안에 들어갈 내용이 옳은 것은?

> - (ㄱ) 모니터링 업무는 중개대상물의 표시·광고 내용을 위반한 사실이 의심되는 경우 등 국토교통부장관이 필요하다고 판단하여 실시하는 모니터링을 말한다.
> - 모니터링 기관은 수시 모니터링 업무를 수행한 경우 해당 업무에 따른 결과보고서를 업무를 완료한 날부터 (ㄴ)일 이내에 국토교통부장관에게 제출해야 한다.
> - 시·도지사 및 등록관청은 조사 및 조치의 요구를 받으면 신속하게 조사 및 조치를 완료하고, 완료한 날부터 (ㄷ)일 이내에 그 결과를 국토교통부장관에게 통보해야 한다.

① ㄱ. (기본), ㄴ. (15), ㄷ. (10)
② ㄱ. (기본), ㄴ. (30), ㄷ. (10)
③ ㄱ. (수시), ㄴ. (15), ㄷ. (10)
④ ㄱ. (수시), ㄴ. (30), ㄷ. (10)
⑤ ㄱ. (수시), ㄴ. (30), ㄷ. (15)

14. 공인중개사법령에 관한 설명으로 옳은 것을 모두 고른 것은?

> ㄱ. 소속공인중개사를 두지 아니한 개업공인중개사는 중개보조원을 5명까지 고용할 수 있다.
> ㄴ. 개업공인중개사가 주택의 매매계약을 중개하는 경우에는 「주택임대차보호법」에 따른 임대인의 정보 제시 의무에 관한 사항을 확인·설명해야 한다.
> ㄷ. 소속공인중개사는 중개업무를 수행하는 경우 중개의뢰인에게 본인이 소속공인중개사라는 사실을 미리 알려야 한다.

① ㄱ ② ㄴ ③ ㄱ, ㄴ
④ ㄴ, ㄷ ⑤ ㄱ, ㄴ, ㄷ

15. 공인중개사법령상 X토지를 매도하려는 중개의뢰인 甲과 개업공인중개사 乙의 전속중개계약에 관한 설명으로 옳은 것은?(단, 甲은 정보의 비공개를 요청하지 않았음)

① 乙이 공개해야 할 X토지의 정보에는 권리를 취득함에 따라 부담해야 할 조세의 종류 및 세율이 포함된다.
② 乙은 전속중개계약서에 희망물건의 종류를 적어야 한다.
③ 전속중개계약의 유효기간 내에 다른 개업공인중개사 丙에게 중개를 의뢰하여 거래한 甲은 乙에게 위약금을 지불해야 할 의무가 있다.
④ 乙은 전속중개계약 체결 후 10일 이내에 X토지의 정보를 부동산거래정보망 또는 일간신문에 공개하야 한다.
⑤ 등록관청은 X토지의 정보를 공개하지 아니한 乙의 중개사무소 개설등록을 취소해야 한다.

16. 「공인중개사법 시행규칙」 별지 서식인 토지용 확인·설명서[Ⅲ]에 기재해야 할 사항은 모두 몇 개인가?

> ㄱ. 입지조건
> ㄴ. 토지이용계획, 공법상 이용제한 및 거래규제에 관한 사항
> ㄷ. 비선호시설
> ㄹ. 실제권리관계 또는 공시되지 않은 물건의 권리
> ㅁ. 현장안내

① 1개 ② 2개 ③ 3개 ④ 4개 ⑤ 5개

17. 공인중개사법령상 비주거용 건축물 확인·설명서[Ⅱ] 작성에 관한 설명으로 틀린 것은?

① 소음 및 진동은 매도(임대)의뢰인에게 자료를 요구하여 확인한 내용을 적는다.
② 계약갱신요구권 행사 여부는 개업공인중개사 기본 확인사항에 적는다.
③ 관리비는 기재하지 않는다.
④ 바닥면의 상태는 개업공인중개사 세부 확인사항에 적는다.
⑤ 내진설계 적용 여부 및 내진능력은 개업공인중개사 기본 확인사항에 적는다.

18. 공인중개사법령상 거래계약서에 관한 설명으로 틀린 것은? (다툼이 있으면 판례에 따름)

① 개업공인중개사는 중개가 완성된 때에만 거래계약서를 작성하여 교부해야 한다.
② 법인인 개업공인중개사의 주된 사무소에서 소속공인중개사가 작성한 거래계약서에는 대표자와 소속공인중개사가 함께 서명 및 날인해야 한다.
③ 공인중개사법령은 거래계약서의 표준서식을 정하고 있지 않다.
④ 거래계약서에는 중개대상물 확인·설명서 교부일자를 기재해야 한다.
⑤ 거래계약서가 「전자문서 및 전자거래 기본법」에 따른 공인전자문서센터에 보관된 경우, 개업공인중개사는 거래계약서를 사본을 5년 동안 보존해야 한다.

19. 개업공인중개사 丙의 중개로 매도인 甲과 매수인 乙 간의 토지의 매매계약이 체결된 후 공인중개사법령상 계약금 등의 반환채무이행을 보장하기 위해 乙이 낸 중도금을 丙의 명의로 금융기관에 예치한 경우에 관한 설명으로 옳은 것은?

① 특별한 약정이 없는 한 중도금의 반환채무이행의 보장과 관련하여 든 실비는 甲이 부담한다.
② 丙은 매매계약 해제의 사유로 인한 중도금의 인출에 대하여 甲과 乙의 동의방법을 약정해야 한다.
③ 丙은 예치된 중도금을 자기 소유 예치금과 함께 관리해도 된다.
④ 丙은 甲과 乙의 동의 없이 예치된 중도금을 인출할 수 있다.
⑤ 甲은 매매계약 해제시 중도금의 반환을 보장하는 내용의 금융기관 또는 보증보험회사에서 발행하는 보증서를 乙에게 교부하고 예치된 중도금을 미리 수령할 수 있다.

20. 공인중개사법령상 손해배상책임 및 보증에 관한 설명으로 옳은 것은?(다툼이 있으면 판례에 따름)

① 개업공인중개사는 중개가 완성되기 전에 거래당사자에게 손해배상책임의 보장에 관한 보장기간을 설명해야 한다.
② 중개행위에 해당하는지 여부는 개업공인중개사가 진정으로 거래당사자를 위하여 거래를 알선·중개하려는 의사를 갖고 있었는지 여부로 결정해야 한다.
③ 개업공인중개사의 손해배상책임은 가입한 공제의 보장금액을 한도로 한다.
④ 개업공인중개사가 손해배상책임을 보장하기 위한 조치를 이행하지 않고 중개업무를 한 경우는 업무정지사유에 해당한다.
⑤ 공인중개사자격증을 대여받은 자가 임차의뢰인과 직접 거래당사자로서 임대차계약을 체결하고 공인중개사 명의로 작성된 확인·설명서를 교부한 행위는 중개행위에 해당한다.

21. 공인중개사법령상 개업공인중개사에게 금지되는 행위를 모두 고른 것은?(다툼이 있으면 판례에 따름)

ㄱ. 단체를 구성하여 단체 구성원 이외의 자와 공동중개를 제한하는 행위
ㄴ. 개업공인중개사 등에게 중개대상물을 시세보다 현저하게 높게 표시·광고하도록 강요하는 행위
ㄷ. 상가의 임대차 계약 및 권리금 수수를 중개하고 중개보수 한도를 초과하여 포괄적으로 금원을 받은 행위
ㄹ. 상업용 건축물의 분양을 대행하고 한도를 초과하여 중개보수를 받은 행위

① ㄱ, ㄴ ② ㄱ, ㄷ ③ ㄴ, ㄷ
④ ㄱ, ㄴ, ㄷ ⑤ ㄱ, ㄴ, ㄷ, ㄹ

22. 공인중개사법령상 포상금을 지급받을 수 있는 신고 또는 고발의 대상이 아닌 것은?

① 단체를 구성하여 특정 중개대상물에 대하여 중개를 제한하는 행위를 한 자
② 부정한 방법으로 중개사무소의 개설등록을 한 자
③ 정당한 사유 없이 개업공인중개사 등의 중개대상물에 대한 정당한 표시·광고 행위를 방해하는 행위를 한 자
④ 관계법령의 규정에 의하여 전매 등 권리의 변동이 제한된 부동산의 매매를 중개하는 등 부동산 투기를 조장하는 행위를 한 자
⑤ 개업공인중개사로서 부당한 이익을 얻을 목적으로 거짓으로 거래가 완료된 것처럼 꾸미는 등 중개대상물의 시세에 부당한 영향을 줄 우려가 있는 행위를 한 자

23. 공인중개사법령상 중개업무를 수행하는 소속공인중개사의 자격정지사유에 해당하지 않는 것은?

① 거래당사자 쌍방을 대리하여 매매계약을 체결한 경우
② 중개행위에 등록하지 아니한 인장을 사용한 경우
③ 서로 다른 둘 이상의 거래계약서를 작성한 경우
④ 중개대상물 확인·설명서를 교부하지 아니한 경우
⑤ 거래계약서에 서명 및 날인을 하지 아니한 경우

24. 공인중개사법령상 과태료의 부과사유와 부과기관의 연결이 옳은 것은 몇 개인가?

ㄱ. 중개대상물의 가격을 사실과 과장되게 하는 표시·광고를 한 자 – 국토교통부장관
ㄴ. 성실·정확하게 중개대상물의 확인·설명을 하지 아니한 자 – 등록관청
ㄷ. 현장안내 등 중개업무를 보조함에 있어서 중개의뢰인에게 중개보조원임을 알리지 아니한 자 – 시·도지사
ㄹ. 중개대상물의 표시·광고를 함에 있어서 중개보조원을 함께 명시한 자 – 등록관청
ㅁ. 휴업한 중개업의 재개신고를 하지 아니한 자 – 등록관청

① 1개 ② 2개 ③ 3개 ④ 4개 ⑤ 5개

25. 「공인중개사법」상 벌칙에 관하여 법정형이 다른 것은?

① 거래정보사업자로서 개업공인중개사로부터 공개를 의뢰받은 내용과 다르게 정보를 공개한 자
② 허용된 고용인원수를 초과하여 중개보조원을 고용한 자
③ 이동이 용이한 임시 중개시설물을 설치한 자
④ 대가를 약속하고 개업공인중개사 등에게 중개대상물을 시세보다 현저하게 높게 표시·광고하도록 유도하는 행위를 한 자
⑤ 공인중개사자격증의 양수를 알선한 자

26. 부동산 거래신고 등에 관한 법령상 부동산 거래신고에 관한 설명으로 옳은 것은?(단, 거래당사자는 자연인임)

① 「건축물의 분양에 관한 법률」에 따른 부동산의 공급계약은 신고 대상에 포함되지 않는다.
② 개업공인중개사가 토지의 매매계약을 중개한 경우에는 개업공인중개사와 거래당사자는 공동으로 실제 거래가격을 신고해야 한다.
③ 「공장 및 광업재단 저당법」에 따른 공장재단의 매매계약을 중개한 개업공인중개사는 부동산 거래신고를 해야 한다.
④ 신고관청은 신고내용의 조사 결과를 매월 1회 국토교통부장관에게 보고해야 한다.
⑤ 수도권에 소재하는 토지의 지분을 실제 거래가격 5천만원으로 매수하는 계약을 체결한 매수인은 토지의 취득에 필요한 자금의 조달계획을 신고해야 한다.

27. 부동산 거래신고 등에 관한 법령상 부동산 거래신고에 대한 정정신청을 할 수 있는 사유를 모두 고른 것은?

ㄱ. 토지의 지목
ㄴ. 부동산 등의 소재지·지번
ㄷ. 거래가격
ㄹ. 매수인의 성명

① ㄱ   ② ㄱ, ㄴ   ③ ㄴ, ㄷ
④ ㄱ, ㄴ, ㄷ   ⑤ ㄴ, ㄷ, ㄹ

28. 개업공인중개사 丙이 「주택법」상 조정대상지역에 소재하는 甲 소유 X주택을 乙이 7억원에 매수하는 계약을 중개하고 부동산 거래계약에 관하여 부동산 거래신고 등에 관한 법령에 따라 신고 또는 별지로 첨부해야 할 사항이 아닌 것은?(단, 甲과 乙은 국가 등이 아닌 법인이며 해당 주택의 거래계약은 공급계약, 분양권인 경우를 제외함)

① 「공인중개사법」에 따라 개설등록한 중개사무소의 상호·전화번호 및 소재지
② 계약의 기한이 있는 경우에는 그 기한
③ 甲과 乙의 법인의 등기 현황
④ 乙의 거래대상인 주택의 취득목적
⑤ 乙의 자금의 조달계획을 증명하는 서류

29. 부동산 거래신고 등에 관한 법령상 개업공인중개사가 부동산 등을 취득하려는 외국인에게 설명한 내용으로 옳은 것은?

① 정부 간 기구는 외국인 등에 해당하지 않는다.
② 대한민국 국적을 보유하지 아니한 자가 토지를 증여받고 이를 신고하지 아니한 경우 100만원 이하의 과태료를 부과한다.
③ 대한민국 국적을 보유하지 아니한 자가 토지를 증여받고 신고관청에 제출하는 취득신고서에는 증여계약서를 첨부해야 한다.
④ 외국의 법령에 따라 설립된 단체가 「야생생물 보호 및 관리에 관한 법률」에 따른 야생생물 특별보호구역 내의 토지를 취득하려는 경우에는 계약체결 전에 시·도지사의 허가를 받아야 한다.
⑤ 비정부 간 국제기구가 경매로 부동산을 취득한 때에는 취득한 날부터 60일 이내에 신고관청에 신고해야 한다.

30. 개업공인중개사 丙이 A시에 소재하는 甲 소유 X건물을 乙이 보증금 5천만원, 월차임 30만원에 주거용으로 임차하는 계약을 중개하고 부동산 거래신고 등에 관한 법령상 주택 임대차 계약의 신고에 관하여 설명한 내용으로 옳은 것을 모두 고른 것은?(X건물은 「주택임대차보호법」에 따른 주택, 甲과 乙은 자연인이고 丙이 주택 임대차 계약서를 작성하였음)

ㄱ. 丙은 계약체결일부터 30일 이내에 A시장에게 임대차계약을 신고해야 한다.
ㄴ. 乙이 임대차 신고서에 단독으로 서명 또는 날인한 후 임대차 계약서를 첨부해 A시장에게 제출한 경우에는 甲과 乙이 공동으로 임대차 신고서를 제출한 것으로 본다.
ㄷ. 임대차 계약을 신고한 후 甲이 차임을 증액한 경우, 甲은 단독으로 A시장에게 증액을 신고해야 한다.

① ㄱ   ② ㄴ   ③ ㄱ, ㄴ
④ ㄴ, ㄷ   ⑤ ㄱ, ㄴ, ㄷ

31. 부동산 거래신고 등에 관한 법령상 선매제도에 관한 설명으로 옳은 것은?

① 허가받아 취득한 토지를 허가받은 목적대로 이용하고 있는 토지에 대하여 허가신청이 있는 경우, 그 토지는 선매협의 대상이 될 수 있다.
② 선매자는 지정통지를 받은 날부터 1개월 이내에 매수가격 등 선매조건을 기재한 서면을 토지소유자에게 통지하여 선매협의를 해야 한다.
③ 선매자는 지정 통지를 받은 날부터 1개월 이내에 국토교통부령으로 정하는 바에 따라 선매협의조서를 허가관청에 제출해야 한다.
④ 선매자가 토지를 매수할 때의 가격은 허가신청서에 적힌 가격이 공시지가보다 낮은 경우를 제외하고는 공시지가를 기준으로 한다.
⑤ 허가관청은 선매협의가 이루어지지 아니한 경우에는 지체 없이 불허가처분을 해야 한다.

32. 부동산 거래신고 등에 관한 법령상 토지거래허가구역에 관한 설명으로 옳은 것은?

① 부정한 방법으로 토지거래계약의 허가를 받은 자를 허가관청이 적발하기 전에 신고한 자는 포상금을 받을 수 있다.
② 농지 외의 토지를 공익사업용으로 협의양도한 자가 대체토지를 취득하기 위하여 허가를 받은 경우 대통령령이 정하는 사유가 있는 경우를 제외하고 토지취득일부터 4년 동안 허가받은 목적대로 이용해야 한다.
③ 「주택법」에 따른 사업계획승인을 받아 조성한 대지를 공급하는 경우에는 토지거래허가 규정을 적용한다.
④ 시장·군수 또는 구청장은 토지거래계약의 허가를 받은 토지를 허가받은 목적대로 이용하지 아니한 자에게 허가 취소를 명할 수 없다.
⑤ 허가 또는 불허가 처분에 이의가 있는 자는 그 처분을 받은 날부터 1개월 이내에 시·도지사에게 이의를 신청할 수 있다.

33. 부동산 거래신고 등에 관한 법령상 포상금 제도에 관한 설명으로 틀린 것은?

① 시장·군수 또는 구청장은 부동산 등의 매매계약을 체결하지 아니하였음에도 불구하고 거짓으로 부동산 거래신고를 한 자를 신고관청이 적발하기 전에 신고한 자에 대하여 포상금을 지급할 수 있다.
② 해당 위반행위에 관여한 자가 신고한 경우에는 포상금을 지급하지 아니할 수 있다.
③ 부동산 등의 실제 거래가격을 거짓으로 신고한 자를 신고한 경우에 받을 수 있는 포상금은 부과되는 과태료의 100분의 20에 해당하는 금액으로 하며 1천만원을 넘을 수 없다.
④ 허가를 받지 아니하고 토지거래계약을 체결한 자를 신고 또는 고발한 경우에 지급받을 수 있는 포상금은 50만원으로 한다.
⑤ 신고관청 또는 허가관청은 포상금 지급신청서가 접수된 날부터 1개월 이내에 포상금을 지급해야 한다.

34. 甲은 2025. 10. 1. 경매절차가 진행 중인 丙소유의 X토지를 취득하기 위하여 乙에게 매수자금을 지급하면서 乙명의로 소유권이전등기를 하기로 약정하였고 乙은 위 약정에 따라 위 토지에 대한 매각허가결정을 받고 매각대금을 완납한 후 자신의 명의로 소유권이전등기를 마쳤다. 다음 설명 중 옳은 것을 모두 고른 것은?(다툼이 있으면 판례에 따름)

> ㄱ. 甲은 乙에 대하여 X토지에 관한 소유권이전등기말소를 청구할 수 있다.
> ㄴ. 甲과 乙의 명의신탁약정 사실을 丙이 알았다면 乙은 토지의 소유권을 취득하지 못한다.
> ㄷ. 甲은 乙에 대하여 매수 자금 상당의 부당이득반환을 청구할 수 있다.

① ㄱ ② ㄷ ③ ㄱ, ㄷ
④ ㄴ, ㄷ ⑤ ㄱ, ㄴ, ㄷ

35. 개업공인중개사가 구분소유권의 목적인 건물을 매수하려는 중개의뢰인에게 「집합건물의 소유 및 관리에 관한 법률」에 관하여 설명한 내용으로 틀린 것은?

① 전유부분은 구분소유권의 목적인 건물부분을 말한다.
② 구조상의 공용부분에 관한 물권의 득실변경은 등기하여야 효력이 생긴다.
③ 구분소유자가 10인 이상일 때에는 관리단을 대표하고 관리단의 사무를 집행할 관리인을 선임하여야 한다.
④ 전유부분이 속하는 1동의 건물의 설치 또는 보존의 흠으로 인하여 다른 자에게 손해를 입힌 경우에는 그 흠은 공용부분에 존재하는 것으로 추정한다.
⑤ 구분소유자는 규약 또는 공정증서로써 달리 정하지 않는 한 그가 가지는 전유부분과 분리하여 대지사용권을 처분할 수 없다.

36. 개업공인중개사가 사설묘지 또는 분묘와 관련 있는 토지에 관하여 중개의뢰인에게 설명한 내용으로 틀린 것은? (다툼이 있으면 판례에 따름)

① 개인묘지를 설치할 경우 30㎡를 초과해서는 안 된다.
② 가족묘지를 설치·관리하려는 자는 해당 묘지를 관할하는 시장 등의 허가를 받아야 한다.
③ 설치기간이 지난 분묘의 연고자가 설치기간의 연장을 신청하는 경우에는 1회에 한하여 그 설치기간을 30년으로 하여 연장해야 한다.
④ 가족자연장지를 조성한 자는 조성을 마친 후 30일 이내에 관할 시장 등에게 신고해야 한다.
⑤ 토지 소유자의 승낙 없이 다른 사람 소유의 토지에 자연장을 한 자는 해당 토지 소유자에 대하여 자연장의 보존을 위한 권리를 주장할 수 없다.

37. 개업공인중개사가 주택임대차계약을 중개하면서 「주택임대차보호법」을 설명한 내용으로 옳은 것은?(다툼이 있으면 판례에 따름)

① 저당권이 설정된 주택을 임차한 임차인이 대항력을 갖춘 경우, 후순위저당권이 실행되더라도 매수인에게 대항할 수 있다.
② 임차인은 임차주택의 경매시 주택을 양수인에게 인도하지 아니하면 우선변제권 행사에 따른 보증금을 받을 수 없다.
③ 주식회사의 대표이사 또는 사내이사로 등기된 사람은 동법에 따라 대항력을 취득할 수 있는 중소기업의 '직원'에 포함된다.
④ 대항력을 갖추지 못한 임차인의 경우에도 주택이 다른 사람에게 이전되었다면 종전 임대인은 임차보증금 반환의무를 부담하지 않는다.
⑤ 임대차 계약을 체결하려는 자는 임대인의 동의를 받아 확정일자부여기관에 해당 주택의 임대인과 임차인의 인적사항이 기재된 서면의 교부를 요청할 수 있다.

38. 개업공인중개사가 서울특별시에 소재하는 甲 소유의 X상가건물을 乙이 보증금 1천만원, 월차임 50만원, 계약기간 10개월에 임차하는 계약을 중개하면서 상가건물임대차보호법령을 설명한 내용으로 틀린 것은?(다툼이 있으면 판례에 따름)

① 乙은 상가건물에 대한 경매개시결정등기 전에 대항요건을 갖추면 보증금 중 일정액을 선순위 저당권자보다 우선하여 변제받을 수 있다.
② 乙이 甲의 동의 없이 목적 건물의 일부를 전대한 경우 甲은 乙이 신규임차인으로부터 권리금을 지급받지 못하게 할 수 있다.
③ 乙이 계약의 갱신을 요구한 경우 甲은 주변 상가건물의 차임 및 보증금의 변동 등을 이유로 차임의 100분의 5를 초과하여 증액을 청구할 수 있다.
④ 甲과 乙의 계약기간은 1년으로 본다.
⑤ 甲과 乙의 계약이 묵시적으로 갱신된 경우 甲은 乙에게 계약의 해지를 통고할 수 없다.

39. 「민사집행법」에 따른 경매에 관한 설명으로 옳은 것은?

① 「민법」, 「상법」 그 밖의 법률에 따라 우선변제권 있는 채권자는 매각결정기일까지 배당요구를 할 수 있다.
② 매각허가결정에 대한 항고를 하는 자는 최저매각가격의 10분의 1에 해당하는 항고보증금을 공탁해야 한다.
③ 배당요구에 따라 매수인이 인수해야 할 부담이 바뀌는 경우라도 배당요구를 한 채권자는 언제든지 이를 철회할 수 있다.
④ 재매각 절차에서는 종전의 최저매각가격 그 밖의 매각조건을 적용한다.
⑤ 공유물 지분이 경매되는 경우 공유자는 매각결정기일까지 보증을 제공하고 최고매수신고가격과 같은 가격으로 채무자의 지분을 우선하여 매수신고 할 수 있다.

40. 「공인중개사의 매수신청대리인 등록 등에 관한 규칙」에 따라 매수신청대리인으로 등록한 법인인 개업공인중개사 甲에 관한 설명으로 틀린 것은?

① 甲의 대표자를 제외한 사원 또는 임원은 부동산 경매에 관한 실무교육을 받을 의무가 없다.
② 매수신청대리인이 되고자 하는 甲은 4억원 이상의 보증보험 또는 공제에 가입하거나 공탁을 해야 한다.
③ 甲은 위임인으로부터 매수신청대리의 위임을 받아 법원에 인도명령을 신청할 수 있다.
④ 甲은 위임계약을 체결한 때에는 확인·설명 사항을 서면으로 작성하여 중개행위를 위해 등록관청에 등록한 인장을 사용하여 서명날인해야 한다.
⑤ 甲은 중개사무소 개설등록이 취소된 경우 그 사실을 10일 이내에 지방법원장에게 신고해야 한다.

2025년도 제36회 시험대비 THE LAST 모의고사
정지웅 공인중개사법·중개실무

회차	문제수	시험과목
3회	40	공인중개사법·중개실무

수험번호		성명	

【수험자 유의사항】

1. 시험문제지의 **총면수, 문제번호, 일련순서, 인쇄상태** 등을 확인하시고, 문제지 표지에 수험번호와 성명을 기재하시기 바랍니다.

2. 답은 각 문제마다 요구하는 **가장 적합하거나 가까운 답 1개**만 선택하고, 답안카드 작성 시 시험문제지 **마킹착오**로 인한 불이익은 전적으로 **수험자에게 책임**이 있음을 알려드립니다.

3. 답안카드는 국가전문자격 공통 표준형으로 문제번호가 1번부터 125번까지 인쇄되어 있습니다. 답안 마킹 시에는 반드시 **시험문제지의 문제번호와 동일한 번호**에 마킹하여야 합니다.

4. **감독위원의 지시에 불응하거나 시험시간 종료 후 답안카드를 제출하지 않을 경우 불이익이 발생할 수 있음**을 알려드립니다.

5. 시험문제지는 시험 종료 후 가져가시기 바랍니다.

6. 답안작성은 **시험시행일 현재 시행되는 법령 등을 적용**하시기 바랍니다.

7. 가답안 의견제시에 대한 개별회신 및 공고는 하지 않으며, **최종 정답 발표로 갈음**합니다.

8. 시험 중 **중간 퇴실**은 불가합니다. 단, 부득이하게 퇴실할 경우 **시험 포기각서 제출 후 퇴실은 가능**하나 **재입실이 불가**하며, **해당시험은 무효처리됩니다.**

박문각은 여러분의 제36회 공인중개사 시험 합격을 진심으로 응원합니다!

박문각 공인중개사

공인중개사의 업무 및 부동산 거래신고에 관한 법령 및 중개실무

1. 공인중개사법령에 관한 설명으로 틀린 것을 모두 고른 것은?(다툼이 있으면 판례에 따름)

   ㄱ. 개업공인중개사가 부동산을 중개하는 과정에서 채무인수의 법적 성격에 관하여 조사·확인하여 설명하지 않은 것은 선량한 관리자의 주의로 신의를 지켜 성실하게 중개행위를 하여야 할 의무를 위반한 것으로 볼 수 있다.
   ㄴ. 중개보수의 제한규정은 공매 대상 부동산에 대한 취득의 알선에는 적용되지 않는다.
   ㄷ. 거래당사자 간의 계약을 알선하였다면, 중개업무를 의뢰하지 않은 거래당사자로부터 특별한 사정이 없는 한 중개보수를 받을 수 있다.

   ① ㄴ   ② ㄷ   ③ ㄱ, ㄴ
   ④ ㄴ, ㄷ   ⑤ ㄱ, ㄴ, ㄷ

2. 공인중개사법령상 중개대상이 될 수 있는 권리 및 대상물을 모두 고른 것은?(다툼이 있으면 판례에 따름)

   ㄱ. 법정지상권이 성립된 토지
   ㄴ. 영업용 건물의 영업시설, 비품
   ㄷ. 등기된 환매권
   ㄹ. 지붕과 기둥을 갖추었으나 주벽이 없는 세차장 구조물

   ① ㄱ, ㄴ   ② ㄱ, ㄷ   ③ ㄴ, ㄷ
   ④ ㄴ, ㄹ   ⑤ ㄷ, ㄹ

3. 공인중개사법령상 주거용 건축물 확인·설명서[Ⅰ]의 "임대차 확인사항"에 포함되지 않는 사항은?
   ① 관리비
   ② 민간임대 등록 여부
   ③ 국세 및 지방세 체납정보
   ④ 전입세대 확인서
   ⑤ 확정일자 부여현황 정보

4. 공인중개사법령상 교육제도에 관한 설명으로 틀린 것은?
   ① 시·도지사는 정당한 사유 없이 실무교육을 받지 아니한 자에게 500만원 이하의 과태료를 부과한다.
   ② 중개보조원은 고용신고일 전 1년 이내에 직무교육을 받아야 한다.
   ③ 국토교통부장관은 중개보조원을 대상으로 부동산거래사고 예방을 위한 교육을 실시할 수 있다.
   ④ 직무교육 시간은 3시간 이상 4시간 이내로 한다.
   ⑤ 직무교육은 등록관청이 실시할 수 있다.

5. 공인중개사법령상 등록의 결격사유에 해당하는 자는?
   ① 자격정지처분을 받고 6개월이 지난 자
   ② 징역형의 선고유예를 받고 2년이 지나지 아니한 자
   ③ 법인인 개업공인중개사의 해산을 이유로 중개사무소 개설등록이 취소되고 3년이 지나지 아니한 법인의 대표자이었던 자
   ④ 중개사무소 개설등록 기준에 미달하여 중개사무소 개설등록이 취소된 후 3년이 지나지 아니한 자
   ⑤ 중개의뢰인과 직접거래를 하여 중개사무소 개설등록이 취소된 후 3년이 지나지 아니한 자

6. 공인중개사법령에 관한 설명으로 옳은 것을 모두 고른 것은?(다툼이 있으면 판례에 따름)

   ㄱ. 소속공인중개사의 인장등록은 전자문서에 의하여 할 수 있다.
   ㄴ. 일반중개계약은 법령에 규정된 표준서식에 따라야 한다.
   ㄷ. 휴업기간 중인 개업공인중개사는 다른 개업공인중개사인 법인의 임원이 될 수 있다.
   ㄹ. 소속공인중개사로 외국인을 고용하고 등록관청에 제출하는 고용신고서에는 공인중개사자격증 사본을 첨부해야 한다.

   ① ㄱ   ② ㄹ   ③ ㄱ, ㄹ
   ④ ㄴ, ㄷ   ⑤ ㄷ, ㄹ

7. 공인중개사법령상 중개대상물의 표시·광고와 관련하여 과태료 부과기준에 해당하지 않는 것을 모두 고른 것은?

   ㄱ. 개업공인중개사가 중개대상물의 가격을 사실과 다르게 거짓으로 표시·광고하는 행위
   ㄴ. 정당한 사유 없이 개업공인중개사 등의 중개대상물에 대한 정당한 표시·광고 행위를 방해하는 행위
   ㄷ. 중개대상물이 존재하지만 실제로 중개할 의사가 없는 중개대상물에 대한 표시·광고를 하는 행위
   ㄹ. 개업공인중개사가 아닌 자가 중개업을 하기 위하여 중개대상물에 대한 표시·광고를 하는 행위

   ① ㄱ, ㄴ   ② ㄱ, ㄷ   ③ ㄴ, ㄷ
   ④ ㄴ, ㄹ   ⑤ ㄷ, ㄹ

8. 공인중개사법령상 개업공인중개사가 인터넷을 이용하여 건축물의 표시·광고를 하는 때에 명시해야 할 사항이 아닌 것은?

   ① 관리비
   ② 건축물의 총 층수
   ③ 중개대상물의 소재지
   ④ 개업공인중개사의 성명
   ⑤ 벽면·바닥면 및 도배의 상태

9. 공인중개사법령에 관한 설명으로 옳은 것을 모두 고른 것은?

   ㄱ. 개업공인중개사는 중개사무소 안의 보기 쉬운 곳에 소속공인중개사의 공인중개사자격증 사본을 게시해야 한다.
   ㄴ. 법인인 개업공인중개사의 주된 중개사무소에는 대표자, 사원 또는 임원 전원의 실무교육 수료증을 게시해야 한다.
   ㄷ. 기본 모니터링 업무는 모니터링 기본계획서에 따라 분기별로 실시하는 모니터링을 말한다.
   ㄹ. 모니터링 기관은 수시 모니터링 업무를 수행한 경우 해당 업무에 따른 결과보고서를 업무를 완료한 날부터 30일 이내에 국토교통부장관에게 제출해야 한다.

   ① ㄴ   ② ㄷ   ③ ㄷ, ㄹ
   ④ ㄱ, ㄴ, ㄷ   ⑤ ㄱ, ㄴ, ㄷ, ㄹ

10. 공인중개사법령상 중개계약에 관한 설명으로 옳은 것은?

    ① 개업공인중개사는 중개의뢰인의 비공개 요청이 없는 한 일반중개계약 체결 후 7일 이내에 부동산거래정보망 또는 일간신문에 중개대상물에 관한 정보를 공개해야 한다.
    ② 전속중개계약의 유효기간은 당사자 간의 별도의 약정이 없는 한 6개월로 한다.
    ③ 표준서식 일반중개계약서에는 개업공인중개사가 중개보수 또는 실비를 과다 수령한 경우 그 차액을 환급해야 함을 명시하고 있다.
    ④ 일반중개계약을 체결한 개업공인중개사는 중개의뢰인에게 업무처리상황을 2주일에 1회 이상 문서로 통지해야 한다.
    ⑤ 개업공인중개사는 작성한 일반중개계약서를 3년 동안 보존해야 한다.

11. 공인중개사법령상 개업공인중개사가 주거용 건축물 임대차를 중개하고 작성하는 중개대상물 확인·설명서[Ⅰ]에 관한 설명으로 틀린 것은?

    ① 관리비는 직전 1년간 월평균 관리비 등을 기초로 산출한 총 금액을 적는다.
    ② 취득시 부담할 조세의 종류 및 세율은 적지 않아도 된다.
    ③ 개별공시지가 및 건물(주택)공시가격은 기재를 생략할 수 있다.
    ④ 계약 전 소유권 변동 여부는 '실제권리관계 또는 공시되지 아니한 물건의 권리'에 기재한다.
    ⑤ 건폐율 상한 및 용적률 상한은 시·군 조례를 확인하여 적어야 한다.

12. 공인중개사법령상 중개대상물 확인·설명서에 명시된 기재사항으로 틀린 것은?

    ① 주거용 건축물 : 단독경보형 감지기
    ② 비주거용 건축물 : 바닥면
    ③ 입목·광업재단·공장재단용 : 토지이용계획, 공법상 이용제한 및 거래규제
    ④ 토지용 : 실제권리관계 또는 공시되지 아니한 물건의 권리
    ⑤ 토지용 : 1km 이내의 비선호시설 존재 유무

13. 개업공인중개사는 계약금 등을 대통령령이 정하는 자의 명의로 금융기관 등에 예치하도록 거래당사자에게 권고할 수 있는데, 그 명의자에 속하는 것을 모두 고른 것은?

> ㄱ. 부동산 거래계약의 이행을 보장하기 위하여 계약금·중도금·잔금 및 계약 관련 서류를 관리하는 업무를 수행하는 전문회사
> ㄴ. 「우체국예금·보험에 관한 법률」에 따른 체신관서
> ㄷ. 공제사업을 하는 공인중개사협회
> ㄹ. 「자본시장과 금융투자업에 관한 법률」에 따른 신탁업자

① ㄱ ② ㄴ, ㄷ ③ ㄱ, ㄴ, ㄹ
④ ㄴ, ㄷ, ㄹ ⑤ ㄱ, ㄴ, ㄷ, ㄹ

14. 공인중개사법령상 거래계약서 및 중개대상물 확인·설명서에 관한 설명으로 옳은 것을 모두 고른 것은?(다툼이 있으면 판례에 따름)

> ㄱ. 국토교통부장관은 개업공인중개사가 작성하는 거래계약서의 표준서식을 정하여 그 사용을 권장할 수 있다.
> ㄴ. 개업공인중개사가 서명 및 날인을 해야 하는 '확인·설명서'에는 개업공인중개사가 보존하는 중개대상물 확인·설명서가 포함된다.
> ㄷ. 거래계약서에는 중개보수 및 실비의 금액과 그 산출내역을 기재해야 한다.
> ㄹ. 등록관청은 개업공인중개사가 거래계약서에 거래금액을 거짓으로 기재한 경우 중개사무소 개설등록을 취소해야 한다.

① ㄱ ② ㄷ ③ ㄱ, ㄴ
④ ㄴ, ㄷ ⑤ ㄱ, ㄴ, ㄹ

15. 공인중개사법령상 개업공인중개사의 금지행위에 해당하지 않는 것은?(다툼이 있으면 판례에 따름)

① 안내문, 온라인 커뮤니티 등을 이용하여 특정 개업공인중개사 등에 대한 중개의뢰를 제한하거나 제한을 유도하는 행위
② 관계 법령에서 양도를 금지하고 있는 부동산의 분양과 관련 있는 증서의 매매를 업으로 한 행위
③ 임대의뢰인과 임차의뢰인 모두로부터 위임을 받아 주택임대차계약을 체결한 행위
④ 매도인으로부터 매도의뢰 받은 다른 개업공인중개사의 중개로 토지를 매수한 행위
⑤ 제3자에게 부당한 이익을 얻게 할 목적으로 거짓으로 거래가 완료된 것처럼 꾸미는 등 중개대상물의 시세에 부당한 영향을 주거나 줄 우려가 있는 행위

16. 공인중개사법령상 부동산거래질서교란행위 신고센터에 관한 설명으로 옳은 것은?

① 국토교통부장관은 신고센터의 업무를 공인중개사협회에 위탁한다.
② 누구든지 「부동산 거래신고 등에 관한 법률」에 따라 부동산 거래신고를 거짓으로 한 자를 신고센터에 신고할 수 있다.
③ 신고센터에 부동산거래질서교란행위를 신고하기 위해 제출하는 서면에는 신고인의 인적사항은 포함되지 않는다.
④ 신고센터의 조사 요구를 받은 등록관청은 신속하게 조사를 완료하고 완료한 날부터 10일 이내에 그 결과를 국토교통부장관에게 통보해야 한다.
⑤ 신고내용이 이미 법원의 판결에 의해 확정된 경우 신고센터는 단독으로 신고내용의 처리를 종결할 수 있다.

17. A시에 중개사무소를 둔 개업공인중개사 甲은 B시에 소재하는 乙소유의 건축물(그중 주택의 면적은 2분의 1임)에 대하여 乙과 丙 사이의 매매계약과 동시에 乙을 임차인으로 하는 임대차계약을 중개하였다. 이 경우 甲이 받을 수 있는 중개보수에 관한 설명으로 옳은 것을 모두 고른 것은?

> ㄱ. 甲은 乙과 丙으로부터 각각 중개보수를 받을 수 있다.
> ㄴ. 甲은 B시가 속한 시·도의 조례에서 정한 기준에 따라 중개보수를 받아야 한다.
> ㄷ. 甲은 임대차계약에 관한 중개보수는 받을 수 없다.
> ㄹ. 주택 외의 중개에 대한 보수 규정을 적용한다.

① ㄱ, ㄴ ② ㄱ, ㄷ ③ ㄴ, ㄷ
④ ㄴ, ㄹ ⑤ ㄷ, ㄹ

18. 공인중개사법령상 부동산거래정보망에 관한 설명으로 틀린 것은?

① 부동산거래정보망 가입·이용신청서에는 가입한 개업공인중개사의 중개사무소등록증 사본을 첨부해야 한다.
② 국토교통부장관은 운영규정을 위반하여 정보망을 운영한 거래정보사업자에 대하여 500만원 이하의 과태료를 부과한다.
③ 개업공인중개사가 중개대상물의 정보를 거짓으로 공개한 경우 등록관청은 중개사무소 개설등록을 취소할 수 있다.
④ 거래정보사업자로 지정받은 자는 지정받은 날부터 3개월 이내에 부동산거래정보망의 이용 및 정보제공방법 등에 관한 운영규정을 정하여 국토교통부장관의 승인을 얻어야 한다.
⑤ 거래정보사업자가 승인받아야 하는 운영규정에는 가입자에 대한 회비 및 그 징수에 관한 사항을 정해야 한다.

19. 공인중개사법령상 공제사업에 관한 설명으로 틀린 것은?

① 운영위원회 위원장은 국토교통부장관이 임명한다.
② 임기가 제한된 운영위원회 위원의 임기는 2년으로 하되, 1회에 한하여 연임할 수 있다.
③ 재무건전성 기준이 되는 지급여력비율은 100분의 100 이상을 유지해야 한다.
④ 국토교통부장관은 재무건전성 기준에 관하여 필요한 세부기준을 정할 수 있다.
⑤ 책임준비금의 적립비율은 공제사고 발생률 및 공제금 지급액 등을 종합적으로 고려하여 정하되, 공제료 수입액의 100분의 10 이상으로 정한다.

20. 공인중개사법령상 지방자치단체의 조례가 정하는 바에 따라 수수료를 납부해야 하는 것을 모두 고른 것은?

> ㄱ. 분사무소 설치신고를 하는 자
> ㄴ. 중개사무소의 개설등록을 신청하는 자
> ㄷ. 공인중개사자격증을 처음으로 교부받는 자
> ㄹ. 분사무소설치신고확인서의 재교부를 신청하는 자
> ㅁ. 중개업의 폐업신고를 하는 자

① ㄱ, ㄴ, ㄹ
② ㄱ, ㄴ, ㅁ
③ ㄱ, ㄷ, ㄹ
④ ㄴ, ㄷ, ㅁ
⑤ ㄷ, ㄹ, ㅁ

21. 공인중개사법령상 공인중개사의 자격을 취소해야 하는 사유를 모두 고른 것은?

> ㄱ. 공인중개사의 직무와 관련하여 「형법」상 사기죄로 500만원의 벌금형을 선고받은 자
> ㄴ. 둘 이상의 중개사무소에 소속된 경우
> ㄷ. 자격정지기간 중에 다른 개업공인중개사인 법인의 임원이 된 경우

① ㄱ
② ㄷ
③ ㄱ, ㄷ
④ ㄴ, ㄷ
⑤ ㄱ, ㄴ, ㄷ

22. 공인중개사법령상 등록관청이 중개사무소 개설등록을 취소해야 하는 사유가 아닌 것은?

① 이중으로 중개사무소의 개설등록을 한 경우
② 허용된 인원수를 초과하여 중개보조원을 고용한 경우
③ 둘 이상의 중개사무소를 둔 경우
④ 중개사무소등록증을 대여한 경우
⑤ 자격정지처분을 받은 소속공인중개사로 하여금 자격정지기간 중에 중개업무를 하게 한 경우

23. 공인중개사법령에 관한 설명으로 틀린 것은?

① 시·도지사는 자격취소처분을 한 사실을 다른 시·도지사에게 통보해야 한다.
② 등록관청이 업무정지처분을 하는 경우에는 청문을 실시하지 않아도 된다.
③ 등록관청은 공인중개사가 자격정지사유에 해당하는 사실을 알게 된 때에는 지체 없이 그 사실을 시·도지사에게 통보해야 한다.
④ 업무정지처분은 그에 해당하는 사유가 발생한 날부터 3년이 경과한 때에는 이를 할 수 없다.
⑤ 자격취소처분을 받은 공인중개사인 개업공인중개사는 중개사무소의 소재지를 관할하는 시·도지사에게 자격증을 반납해야 한다.

24. 공인중개사법령상 개업공인중개사의 업무정지사유와 중개업무를 수행하는 자격정지의 사유에 공통으로 속하는 사유를 모두 고른 것은?

> ㄱ. 서로 다른 둘 이상의 거래계약서를 작성한 경우
> ㄴ. 거래계약서에 서명 및 날인하지 아니한 경우
> ㄷ. 중개대상물 확인·설명서를 교부하지 아니한 경우
> ㄹ. 중개대상물 확인·설명을 함에 있어서 설명의 근거자료를 제시하지 아니한 경우

① ㄴ
② ㄱ, ㄴ
③ ㄴ, ㄹ
④ ㄱ, ㄴ, ㄹ
⑤ ㄴ, ㄷ, ㄹ

25. 공인중개사법령상 과태료의 부과기준이 다른 것은?

① 손해배상책임에 관한 사항을 설명하지 아니한 자
② 정당한 사유 없이 표시·광고 모니터링의 관련 자료 제출요구에 따르지 아니하여 관련 자료를 제출하지 아니한 자
③ 현장안내 등 중개업무를 보조함에 있어서 중개의뢰인에게 본인이 중개보조원임을 알리지 아니한 자
④ 정당한 사유 없이 연수교육을 받지 아니한 자
⑤ 국토교통부장관의 공제사업 개선명령을 이행하지 아니한 자

26. 개업공인중개사 丙은 A광역시 B군에 소재하는 甲 소유의 X건물을 乙이 보증금 3천만원, 월차임 50만원에 주거용으로 임차하는 계약을 중개하고 임대차 계약서를 작성하였다. 부동산 거래신고 등에 관한 법령상 주택 임대차 계약의 신고에 관하여 丙이 설명한 내용으로 옳은 것은? (단, 甲은 지방자치단체이며 乙은 자연인임)

① 甲과 乙이 체결한 임대차 계약은 신고대상에 포함되지 않는다.
② 甲과 乙은 공동으로 계약체결일부터 30일 이내에 B군 군수에게 임대차 계약의 신고를 해야 한다.
③ 甲이 임대차 신고서에 단독으로 서명 또는 날인해 B군 군수에게 제출해야 한다.
④ 甲과 乙이 주택 임대차 계약의 신고를 한 경우, 乙은「주민등록법」에 따라 전입신고를 한 것으로 본다.
⑤ 임대차 계약을 신고한 후 차임을 증액한 경우에는 甲과 乙은 공동으로 증액을 신고해야 한다.

27. 부동산 거래신고 등에 관한 법령상「주택법」상 조정대상지역에 소재하는 甲 소유 X주택을 乙이 5억원에 매수하는 계약을 체결하고 甲과 乙이 신고 또는 별지로 첨부해야 할 사항을 모두 고른 것은?(단, 甲은 국가 등이 아닌 법인, 乙은 자연인임)

> ㄱ. 甲 법인의 등기현황 및 甲과 乙 간의 관계
> ㄴ. 乙의 자금의 조달계획을 증명하는 서류
> ㄷ. X주택에 乙이 입주할지 여부, 입주 예정 시기 등 주택의 이용계획

① ㄱ ② ㄷ ③ ㄱ, ㄷ
④ ㄴ, ㄷ ⑤ ㄱ, ㄴ, ㄷ

28. 부동산 거래신고 등에 관한 법령상 부동산 매매계약의 부동산 거래신고에 관한 설명으로 틀린 것을 모두 고른 것은?(단, 거래당사자는 모두 자연인임)

> ㄱ. 개업공인중개사가「공인중개사법」에 따라 거래계약서를 작성·교부한 경우, 거래당사자는 계약체결일부터 30일 이내에 부동산 거래신고를 해야 한다.
> ㄴ. 거래신고 후에 매도인이 매매계약을 해제하면 매도인이 단독으로 해제를 신고해야 한다.
> ㄷ. 개업공인중개사가 부동산 거래신고를 한 계약이 해제되면 개업공인중개사가 해제를 신고해야 한다.
> ㄹ. 거래당사자 또는 개업공인중개사는 부동산 거래계약 신고 내용 중 거래 지분이 잘못 기재된 경우 신고관청에 신고 내용의 정정을 신청할 수 있다.

① ㄹ ② ㄱ, ㄴ ③ ㄴ, ㄷ
④ ㄱ, ㄴ, ㄷ ⑤ ㄱ, ㄷ, ㄹ

29. 부동산 거래신고 등에 관한 법령상 개업공인중개사가 대한민국 안의 부동산을 취득하고자 하는 외국인에게 설명한 내용으로 틀린 것은?

① 준정부 간 기구는 외국인 등에 포함된다.
② 사원 또는 구성원의 2분의 1이 대한민국 국적을 보유하지 않은 자로 구성된 법인은 외국인 등에 포함된다.
③ 외국정부가「문화유산의 보존 및 활용에 관한 법률」에 따른 지정문화유산과 이를 위한 보호물 또는 보호구역의 토지를 취득하려는 경우에는 계약체결 전에 신고관청으로부터 허가를 받아야 한다.
④ 외국인이 토지 취득 허가를 신청하는 경우는 허가신청서에 토지 거래계약 당사자 간의 합의서를 첨부해야 한다.
⑤ 국제연합의 산하기구가 건축물의 개축을 원인으로 부동산을 취득한 때에는 취득한 날부터 60일 이내에 신고관청에 신고해야 한다.

30. 부동산 거래신고 등에 관한 법령상 토지거래허가구역에 관한 설명으로 옳은 것은?

① 일단(一團)의 토지이용을 위하여 토지거래계약을 체결한 날부터 2년 이내에 일단의 토지 일부에 대하여 토지거래계약을 체결한 경우에는 그 일단의 토지 전체에 대한 거래로 본다.
② 허가관청은 취득하려는 토지의 면적이 토지의 이용목적으로 보아 적합하지 아니하다고 인정되는 경우에도 허가 기준에 적합하면 허가해야 한다.
③ 허가를 받은 자가 그 토지를 허가받은 목적대로 이용하지 아니한 경우, 시·도지사는 허가 취소 또는 그 밖에 필요한 처분을 하거나 조치를 명할 수 없다.
④ 「건축물의 분양에 관한 법률」에 따라 건축물을 분양하는 경우에는 토지거래의 허가에 대한 규정을 적용하지 아니한다.
⑤ 허가신청에 대해 불허가처분을 받은 자는 그 통지를 받은 날부터 1개월 이내에 시·도지사에게 해당 토지에 관한 권리의 매수를 청구할 수 있다.

31. 부동산 거래신고 등에 관한 법령상 토지거래허가구역의 지정에 관한 설명으로 틀린 것을 모두 고른 것은?

> ㄱ. 국토교통부장관은 허가구역을 지정하려면 중앙도시계획위원회의 심의 전에 시·도지사 및 시장·군수 또는 구청장의 의견을 들어야 한다.
> ㄴ. 시·도지사는 허가구역을 지정·공고한 때에는 이를 국토교통부장관, 시장·군수 또는 구청장에게 통지해야 한다.
> ㄷ. 허가구역의 지정·공고 내용을 통지받은 시장·군수 또는 구청장은 지체 없이 그 사실을 15일 이상 공고해야 한다.

① ㄱ ② ㄷ ③ ㄱ, ㄷ
④ ㄴ, ㄷ ⑤ ㄱ, ㄴ, ㄷ

32. 부동산 거래신고 등에 관한 법령상 신고포상금 지급대상에 해당하는 위반행위를 한 자를 모두 고른 것은?

> ㄱ. 주택 임대차 계약의 보증금·차임 등 계약금액을 거짓으로 신고한 자
> ㄴ. 부동산 매매계약에 관하여 개업공인중개사에게 거짓으로 신고하도록 요구한 자
> ㄷ. 부동산 등의 매매계약을 체결하지 아니하였음에도 불구하고 거짓으로 부동산 거래신고를 한 자
> ㄹ. 토지거래허가를 받아 취득한 토지에 대하여 허가받은 목적대로 이용하지 아니한 자

① ㄱ, ㄷ ② ㄱ, ㄹ ③ ㄴ, ㄷ
④ ㄱ, ㄷ, ㄹ ⑤ ㄴ, ㄷ, ㄹ

33. 2025. 10. 26. 甲은 丙 소유의 X토지를 매수하면서 친구 乙과 명의신탁약정에 따라 丙으로부터 乙명의로 소유권이전등기를 하였는데 X토지는 현재 甲이 점유하고 있다. 이에 관한 설명으로 옳은 것은?

① 甲은 丙에게 X토지의 소유권이전을 청구할 수 없다.
② 丙은 乙에게 X토지의 소유권이전등기말소를 청구할 수 없다.
③ 乙은 甲에게 X토지의 반환을 청구할 수 없다.
④ 甲은 乙에게 부당이득반환을 원인으로 소유권이전등기를 청구할 수 있다.
⑤ 甲은 乙에게 X토지의 소유권이전등기말소를 청구할 수 있다.

34. 개업공인중개사가 집합건물을 매수하려는 의뢰인에게 「집합건물의 소유 및 관리에 관한 법률」에 관하여 설명한 것으로 틀린 것은?(다툼이 있으면 판례에 따름)

① 일부의 구분소유자의 공용에 속하는 것이 명백한 경우에는 그들 구분소유자의 공유에 속한다.
② 구분소유자는 그 전유부분을 보존하거나 개량하기 위하여 필요한 범위에서 다른 구분소유자의 전유부분의 사용을 청구할 수 있다.
③ 각 공유자는 공용부분을 그 용도에 따라 사용할 수 있다.
④ 관리단집회 결의나 다른 구분소유자의 동의 없이 구분소유자 1인이 공용부분을 독점적으로 점유·사용하는 경우, 다른 구분소유자는 공용부분의 보존행위로서 그 인도를 청구할 수 있다.
⑤ 공유자가 공용부분에 관하여 다른 공유자에 대하여 가지는 채권은 그 특별승계인에 대하여도 행사할 수 있다.

35. 부동산 거래신고 등에 관한 법령상 토지거래허가구역 내의 허가대상인 X토지의 소유자 甲은 허가를 받을 것을 전제로 乙과 매매계약을 체결하고 乙은 계약금을 지급하였다. 이에 관한 설명으로 옳은 것을 모두 고른 것은?(다툼이 있으면 판례에 따름)

> ㄱ. 乙은 토지거래허가가 있을 것을 조건으로 하여 甲을 상대로 소유권이전등기 절차의 이행을 청구할 수 있다.
> ㄴ. 乙은 지급한 계약금을 부당이득을 이유로 반환청구할 수 있다.
> ㄷ. 甲은 乙의 중도금 이행제공이 없음을 이유로 허가신청에 대한 협력 의무의 이행을 거절할 수 없다.

① ㄱ ② ㄷ ③ ㄱ, ㄷ
④ ㄴ, ㄷ ⑤ ㄱ, ㄴ, ㄷ

36. 개업공인중개사 丙이 A도 B군에 소재한 甲 소유의 X주택을 乙이 임차하는 계약을 중개하고 주택임대차보호법령에 관하여 설명한 내용으로 틀린 것은?(다툼이 있으면 판례에 따름)

① 甲의 자녀가 목적 주택에 실제 거주하려는 경우 甲은 乙의 갱신요구를 거절할 수 있다.
② 임대차 기간이 끝난 후 乙이 보증금을 반환받기 위해 X주택을 점유하고 있으면 甲의 보증금반환채권에 대한 소멸시효는 진행하지 않는다.
③ 甲과 乙의 계약이 묵시적으로 갱신된 경우 乙은 언제든지 甲에게 임대차 계약을 해지를 통지할 수 있다.
④ 乙의 계약갱신요구에 의하여 갱신된 임대차 기간은 2년으로 보며 그 기간 중 乙은 甲에게 임대차 계약을 해지할 수 없다.
⑤ A도는 관할 구역 내의 지역별 임대차 시장 여건 등을 고려하여 20분의 1 범위에서 증액청구의 상한을 조례로 달리 정할 수 있다.

37. 서울특별시 소재 X상가 건물을 2025. 10. 1. 乙이 보증금 3억원, 월차임 700만원, 기간은 정함이 없는 것으로 하여 임차하는 계약을 체결하고 사업자 등록을 신청하였다. 상가건물 임대차보호법령상 틀린 것을 모두 고른 것은?(다툼이 있으면 판례에 따름)

> ㄱ. 乙은 甲에게 1년의 존속기간을 주장할 수 있다.
> ㄴ. 乙이 甲에게 계약의 갱신을 요구할 수 있다.
> ㄷ. 乙이 임대차 계약서에 확정일자를 받은 경우 X건물의 경매시 후순위 권리자보다 보증금을 우선변제 받을 수 있다.

① ㄱ   ② ㄴ   ③ ㄱ, ㄴ
④ ㄴ, ㄷ   ⑤ ㄱ, ㄴ, ㄷ

38. 개업공인중개사가 부동산경매에 관하여 의뢰인에게 설명한 내용으로 옳은 것은?

① 후순위 저당권의 경매신청이 있는 경우 선순위 저당권은 매각으로 소멸하지 않는다.
② 최선순위 전세권은 전세권자가 배당요구를 하면 매각으로 소멸하며 매각대금에서 우선변제를 받을 수 있다.
③ 경매개시결정등기 이전에 성립된 유치권의 경우, 매수인은 유치권자에게 그 유치권으로 담보하는 채권을 변제할 책임이 없다.
④ 매각허가결정이 확정되면 매수인은 법원이 정한 대금지급기일에 매각대금을 지급해야 한다.
⑤ 재매각절차에서 전(前)의 매수인은 매수신청을 할 수 있다.

39. 「공인중개사의 매수신청대리인 등록 등에 관한 규칙」상의 매수신청대리인에 관한 설명으로 틀린 것은?

① 법원행정처장은 매수신청대리업무에 관하여 협회를 감독한다.
② 지방법원장은 매수신청대리업무에 대한 감독의 사무를 지원장과 협회의 시·도지부에 위탁할 수 있다.
③ 지방법원장은 매수신청대리업의 폐업신고를 한 개업공인중개사에 대하여 매수신청대리인 등록을 취소해야 한다.
④ 지방법원장은 개업공인중개사가 「공인중개사법」에 따라 업무의 정지를 당한 경우에는 매수신청대리인 등록을 취소해야 한다.
⑤ 지방법원장은 중개업의 휴업신고를 한 개업공인중개사에 대하여 기간을 정하여 매수신청대리업무를 정지하는 처분을 하여야 한다.

40. 「공인중개사의 매수신청대리인 등록 등에 관한 규칙」에 따라 개업공인중개사가 지방법원장에게 신고해야 할 사항에 해당하지 않는 것은?

① 중개업을 휴업한 경우
② 중개사무소를 이전한 경우
③ 공인중개사 자격이 취소된 경우
④ 공인중개사 자격이 정지된 경우
⑤ 소속공인중개사를 고용한 경우

2025년도 제36회 시험대비 THE LAST 모의고사
정지웅 공인중개사법·중개실무

회차	문제수	시험과목
1회	40	공인중개사법·중개실무

수험번호		성명	

【정답 및 해설】

박문각은 여러분의 제36회 공인중개사 시험 합격을 진심으로 응원합니다!

공인중개사의 업무 및 부동산 거래신고에 관한 법령 및 중개실무

1. ②	2. ⑤	3. ⑤	4. ②	5. ⑤	6. ④	7. ①	8. ③
9. ⑤	10. ③	11. ④	12. ①	13. ④	14. ③	15. ①	16. ④
17. ③	18. ①	19. ④	20. ⑤	21. ④	22. ②	23. ①	24. ③
25. ⑤	26. ②	27. ②	28. ②	29. ④	30. ②	31. ④	32. ④
33. ①	34. ②	35. ①	36. ③	37. ④	38. ①	39. ④	40. ②

〈문제분석 및 총평〉

■ 체감난이도 : 중상

■ 문항분석

난이도 하 11문항	하나도 틀리지 말 것 3, 5, 11, 12, 13, 15, 16, 18, 25, 29, 36
난이도 중 20문항	16개 이상 맞을 것 2, 4, 6, 8, 9, 14, 17, 19, 20, 21, 22, 24, 26, 27, 30, 35, 37, 38, 39, 40
난이도 상 9문항	4개 이상 맞을 것 1, 7, 10, 23, 28, 31, 32, 33, 34

■ 총 평

1회 모의고사는 제34회와 유사한 난이도이며 제35회보다는 약간 쉬운 편입니다. 제36회 시험이 제35회 시험과 유사한 난이도로 출제된다면 본 1회 모의고사 결과와 비슷한 점수를 얻을 것으로 예상합니다. 85점 이상 득점하였다면 무난하게 합격이 가능하며 70점 이상인 경우에는 남은 기간 안에 10점 정도 더 올리는 노력을 해야 합니다. 70점 미만이라면 최종요약서 이론부분의 강의를 계속 반복하여 들으며 암기하면 10점~20점 정도 오를 것입니다. 문제는 100선, 동형 모의고사 및 봉투모의고사 위주로 학습하기를 바랍니다.

1. ②
난이도 上

ㄱ. 개업공인중개사란 이 법에 의하여 중개사무소의 개설등록을 한 자를 말한다.
ㄴ. 개업공인중개사인 법인의 공인중개사인 임원으로서 중개업무를 수행하는 자는 소속공인중개사에 해당한다.
ㄹ. 공인중개사가 아닌 자로서 개업공인중개사에 소속되어 중개업무와 관련된 단순한 업무를 보조하는 자는 중개보조원에 해당한다.

2. ⑤
난이도 中

⑤ 중개사무소 개설등록을 하지 않은 자가 중개업을 하면서 거래당사자와 체결한 중개보수 지급약정은 무효이다(2008다75119).
② 중개계약에 따른 개업공인중개사의 확인·설명의무와 이에 위반한 경우의 손해배상의무는 중개의뢰인이 개업공인중개사에게 소정의 수수료를 지급하지 아니하였다고 해서 당연히 소멸되는 것이 아니다(2001다71484).
③ 개업공인중개사에게 미등기 부동산의 전매에 대하여 중개를 의뢰한 행위를 「공인중개사법」 위반으로 처벌할 수 없고, 공동정범 행위로 처벌할 수도 없다(2013도3246).

3. ⑤
난이도 下

중개대상물에 해당하는 것은 ㄴ, ㄷ, ㄹ이다.
ㄴ. 아파트의 특정 동, 호수에 대한 피분양자로 선정되거나 분양계약이 체결된 후에 특정아파트에 대한 매매를 중개하는 행위 등은 중개대상물인 건물을 중개한 것으로 볼 것이다(89도1885).
ㄷ. 중개대상물이다.
ㄹ. 경매개시결정등기가 된 토지는 중개대상물이다.
ㄱ. 특정한 아파트에 입주할 수 있는 권리가 아니라 아파트에 대한 추첨기일에 신청을 하여 당첨이 되면 아파트의 분양예정자로 선정될 수 있는 지위를 가리키는 데에 불과한 입주권은 「공인중개사법」 소정의 중개대상물인 건물에 해당한다고 보기 어렵다(90도1287).

4. ②
난이도 中

옳은 것은 ㄷ이다.
ㄱ. 중개보조원은 연수교육의 대상자에 포함되지 않는다.
ㄴ. 소속공인중개사로서 고용관계 종료신고 후 1년 이내에 개설등록을 신청하거나, 다시 소속공인중개사로 고용신고를 하려는 자는 실무교육을 받지 않아도 된다.
ㄹ. 국토교통부장관, 시·도지사 및 등록관청은 개업공인중개사 등이 부동산거래사고 예방 등을 위하여 교육을 받는 경우에는 필요한 비용을 지원할 수 있다. 그리고 부동산거래사고 예방 등의 교육을 위하여 지원할 수 있는 비용은 다음과 같다.
㉠ 교육시설 및 장비의 설치에 필요한 비용
㉡ 교육자료의 개발 및 보급에 필요한 비용
㉢ 교육 관련 조사 및 연구에 필요한 비용
㉣ 교육 실시에 따른 강사비

5. ⑤
난이도 下

⑤ 시·도지사는 합격자에게 국토교통부령이 정하는 바에 따라 공인중개사자격증을 교부해야 한다.
② 공인중개사 자격이 취소된 후 3년이 지나지 아니한 자는 공인중개사가 될 수 없으며 결격사유에 해당하므로 중개보조원도 될 수 없다.

6. ④
난이도 中

① 가설건축물대장에 기재된 건물에는 중개사무소 개설등록을 할 수 없다.
② 「상법」상 회사를 설립한 경우 자본금은 5천만원 이상이어야 한다.
③ 시·도지사가 실시하는 실무교육을 받아야 한다.
⑤ 대표자를 제외한 사원 또는 임원의 3분의 1 이상이 공인중개사이어야 한다.

7. ①
난이도 上

결격사유에 해당하는 자 : ㄱ, ㄴ
ㄱ. 금고형 또는 징역형의 실형을 선고받고 그 형의 집행이 종료되거나 집행이 면제된 날부터 3년이 지나지 아니한 자는 결격사유에 해당한다.
ㄴ. 이중등록 금지규정을 위반하여 중개사무소 개설등록이 취소된 후 3년이 지나지 않은 자는 결격사유에 해당한다.
ㄷ. 「공인중개사법」 위반으로 300만원 이상의 벌금형을 선고받고 3년이 지나지 아니한 자는 결격사유이나, 「형법」을 위반하여 300만원 이상의 벌금형을 선고받은 자는 결격사유에 해당하지 않는다.
ㅁ. 피특정후견인은 결격사유에 해당하지 않는다.

8. ③ 난이도 中
③ 개업공인중개사를 대상으로 중개업의 경영기법 및 경영정보를 제공할 수 있으므로 옳다.
① 상업용 건축물 및 주택의 임대관리 등 부동산의 관리대행을 할 수 있다.
② 상업용 건축물 및 주택의 분양대행을 할 수 있다.
④ 도배·이사업체의 소개 등 주거이전에 부수되는 용역의 알선을 할 수 있다.
⑤ 부동산의 이용·개발 및 거래에 관한 상담을 겸업할 수 있다.

9. ⑤ 난이도 中
① 실무교육을 받아야 한다.
② 소속공인중개사의 업무상 행위는 그를 고용한 개업공인중개사의 행위로 본다.
③ 고용관계 종료일부터 10일 이내에 등록관청에 신고해야 한다.
④ 개업공인중개사의 행위에 대하여 그 고용인이 함께 손해배상책임을 지는 것은 아니다. 고용인의 업무상 행위로 발생한 재산상 손해에 대하여 개업공인중개사가 함께 책임을 진다.

10. ③ 난이도 上
① 주된 사무소가 속한 시·군·구 내에 분사무소를 둘 수 없다.
② 분사무소 설치신고서에는 책임자의 실무교육 수료확인증 사본을 첨부해야 한다.
④ 다른 법률의 규정에 따라 중개업을 할 수 있는 법인의 분사무소인 경우에는 공인중개사를 책임자로 두지 않아도 된다.
⑤ 법인인 개업공인중개사만 분사무소를 둘 수 있다.

11. ④ 난이도 下
인장등록 및 등록인장의 변경등록은 모두 전자문서로 할 수 있다.

12. ① 난이도 下
② 휴업신고와 폐업신고를 하는 경우 등록증을 첨부해야 하므로 전자문서로 할 수 없다.
③ 분사무소는 주된 사무소와 별도로 휴·폐업이 가능하다.
④ 등록증은 휴업 또는 폐업신고를 하는 경우에 첨부해야 한다.
⑤ 폐업신고를 하지 않은 경우에는 100만원 이하의 과태료를 부과한다.

13. ③ 난이도 下
전속중개계약을 체결한 개업공인중개사는 중개대상물에 대한 정보를 공개하되, 각 권리자의 주소·성명 등 인적사항에 관한 정보는 공개하여서는 아니 된다.

14. ③ 난이도 中
ㄱ. 개업공인중개사가 성실·정확하게 확인·설명을 하지 않거나 설명의 근거자료를 제시하지 않은 경우에는 500만원 이하의 과태료를 부과하며, 확인·설명서를 교부하지 않거나 서명 및 날인을 하지 않거나 3년간 보존하지 않은 경우는 업무정지처분 대상이 된다.
ㄴ. 관리비의 금액과 산출내역은 주택의 임대차를 중개하는 경우에만 설명해야 할 사항이다.

15. ① 난이도 下
일조량, 소음, 진동 등 환경조건은 주거용 건축물 확인·설명서에만 기재한다.

16. ④ 난이도 下
① 계약금 등의 예치권고는 개업공인중개사의 의무가 아니다. 거래계약의 이행이 완료될 때까지 계약금 등을 예치할 것을 권고할 수 있다.
② 중개보조원은 예치명의자가 될 수 없다.
③ 거래당사자 동의 없이 인출할 수 없다.
⑤ 계약금 등의 반환채무이행의 보장을 위해 소요된 실비는 별도의 약정이 없는 한 매수인이 부담한다.

17. ③ 난이도 中
ㄷ. 중개대상물의 매매를 업으로 하는 행위로서 금지된다.
ㄹ. 개업공인중개사 등의 업무를 방해하는 행위로서 누구든지 해서는 아니되는 행위이다.
ㄱ. 거래당사자 일방을 대리하는 행위로서 금지행위가 아니다.
ㄴ. 중개대상물 표시·광고를 함에 있어서 중개보조원을 함께 명시하는 행위는 금지되지만 소속공인중개사를 함께 명시하는 행위는 금지되지 않는다.

18. ① 난이도 下
개업공인중개사가 그 보증을 다른 보증으로 변경하고자 하는 경우에는 이미 설정한 보증의 효력이 있는 기간 중에 다른 보증으로 설정하고 등록관청에 신고해야 한다.

19. ③ 난이도 中
① 지급시기는 약정에 따르되 약정이 없는 경우 거래대금 지급이 완료된 날로 한다.
② 주택의 중개보수는 국토교통부령으로 정하는 범위 안에서 시·도 조례로 정하며, 주택 외의 중개보수는 국토교통부령으로 정한다.
④ 중개보수 외에 실비를 별도로 받을 수 있다. 일반(전속)중개계약서 표준서식에 명시된 내용이다.
⑤ 중개보수와 별도로 부가가치세를 받을 수 있다. 중개대상물 확인·설명서에 명시된 내용이다.

20. ⑤ 난이도 中
보기 모두 옳은 지문이다.

21. ④ 난이도 中
① 국고에서 보조할 수 있는 비율은 100분의 50 이내로 한다.
② 지급결정일부터 1개월 이내에 포상금을 지급해야 한다.
③ 공소제기를 한 경우이므로 포상금을 지급한다.
⑤ 하나의 사건에 대하여 2건 이상의 신고 또는 고발이 접수된 경우에는 최초로 신고 또는 고발한 자에게 포상금을 지급한다.

22. ②   난이도 中

폐업신고 전의 개업공인중개사에 대하여 행한 업무정지처분 및 과태료처분의 효과는 그 처분일부터 1년간 재등록한 개업공인중개사에게 승계된다.

23. ①   난이도 上

등록을 반드시 취소해야 하는 사유는 ㄱ, ㄷ이다.
아래의 사유는 등록을 취소할 수 있는 사유(임의적 등록취소)이다.
 ㄴ. 거래계약서에 거래금액을 거짓으로 기재한 경우
 ㄹ. 최근 1년 이내에 2회의 과태료와 1회의 업무정지처분을 받고 다시 업무정지사유에 해당하는 위반행위를 한 경우

24. ③   난이도 中

③ 최근 1년 이내에 2회의 업무정지처분 또는 과태료처분을 받고 다시 과태료사유에 해당하는 위반행위를 한 경우 업무정지처분을 할 수 있다.
② 법령상 상한액을 초과하여 중개보수를 받은 경우는 임의적 등록취소사유이며, 임의적 등록취소사유는 업무정지처분을 할 수 있는 사유에도 포함된다.
④ 임의적 등록취소사유이므로 업무정지 처분을 할 수 있다.

25. ⑤   난이도 下

ㄱ. 정당한 사유 없이 개업공인중개사 등의 중개대상물에 대한 정당한 표시·광고 행위를 방해하는 행위를 한 자 – 3년 이하의 징역 또는 3천만원 이하의 벌금
ㄴ. 개업공인중개사가 아닌 자로서 "부동산중개"와 유사한 명칭을 사용한 자 – 1년 이하의 징역 또는 1천만원 이하의 벌금

26. ②   난이도 中

② 「건축법」에 따른 공급계약은 신고대상이 아니나 「건축법」에 따라 공급된 부동산의 매매계약은 신고대상이다.
① 「도시개발법」에 따른 부동산의 공급계약 및 공급계약을 통해 부동산을 공급받는 자로 선정된 지위의 매매계약은 모두 신고대상이다.
③ 계약체결일부터 30일 이내에 신고해야 한다.
④ 중개거래인 경우 개업공인중개사가 부동산 거래신고를 해야 하며 거래당사자는 신고의무가 없다.
⑤ 부동산 등의 소재지를 관할하는 시장(구가 설치되지 아니한 시의 시장, 특별자치시장, 특별자치도 행정시장)·군수 또는 구청장인 신고관청에 제출해야 한다.

27. ②   난이도 中

부동산 등이 다수인 경우에서 일부 부동산 등이 추가되거나 교체되는 경우는 변경신고를 할 수 없으며 건축물의 종류는 정정신청의 대상에 포함된다.
변경신고를 할 수 있는 사항은 다음과 같다.

> 1. 거래 지분 비율
> 2. 거래 지분
> 3. 거래대상 부동산 등의 면적
> 4. 거래의 조건 또는 기한
> 5. 거래가격
> 6. 중도금 및 지급일
> 7. 잔금 및 지급일
> 8. 공동매수의 경우 일부 매수인의 변경(매수인 중 일부가 제외되는 경우만 해당한다)
> 9. 거래대상 부동산 등이 다수인 경우 일부 부동산 등의 변경(거래대상 부동산 등 중 일부가 제외되는 경우만 해당한다)
> 10. 위탁관리인의 성명, 주민등록번호, 주소 및 전화번호

28. ②   난이도 上

ㄱ. 甲이 서울특별시에 소재하는 乙 소유 토지를 1억원에 매수하는 경우 : ○
ㄹ. 甲이 세종특별자치시에 소재하는 戊 소유 토지의 지분을 7천만원에 매수하는 경우 : ○
ㄴ. 甲이 수도권 등 외의 지역에 소재하는 丙 소유 토지를 5억원에 매수하는 경우 : ×
ㄷ. 甲이 수도권 등 외의 지역에 소재하는 丁 소유 토지의 지분을 5억원에 매수하는 경우 : ×

> ※ 토지의 취득에 필요한 자금의 조달계획 및 토지의 이용계획을 신고해야 하는 경우
> • 수도권 등(수도권, 광역시, 세종시) : 1억원 이상의 토지. 단, 지분 매수의 경우 모든 가격의 토지
> • 수도권 등 외의 지역 : 6억원 이상 토지(지분으로 매수하는 경우에도 6억원 이상의 토지)
> • 매수인이 국가 등인 경우 및 토지거래허가구역 내의 허가대상 토지 제외

29. ④   난이도 下

상속, 경매, 확정판결, 「공익사업을 위한 토지 등의 취득 및 보상에 관한 법률」 및 그 밖의 법률에 따른 환매권의 행사, 법인의 합병, 건축물의 신축·증축·개축·재축을 원인으로 대한민국 안의 부동산 등을 취득한 때에는 부동산 등을 취득한 날부터 6개월 이내에 신고관청에 신고해야 한다. 이를 신고하지 않거나 거짓으로 신고한 경우 100만원 이하의 과태료를 부과한다.

30. ②   난이도 中

허가구역에 있는 토지에 관한 소유권·지상권을 이전하거나 설정(대가를 받고 이전하거나 설정하는 경우만 해당한다)하는 계약(예약을 포함한다)을 체결하려는 당사자는 공동으로 시장·군수 또는 구청장의 허가를 받아야 한다.

31. ④ 난이도 上

다음에 해당하는 사유가 있는 경우에는 허가받아 취득한 토지를 허가받은 목적대로 이용하지 않을 수 있는 예외가 인정된다.

1. 허가기준에 적합하게 당초의 이용목적을 변경하는 경우로서 허가관청의 승인을 얻은 경우
2. 「해외이주법」에 따라 이주하는 경우
3. 「병역법」 또는 「대체역의 편입 및 복무 등에 관한 법률」에 따라 복무하는 경우
4. 자연재해로 인하여 허가받은 목적대로 이행하는 것이 불가능한 경우
5. 다음의 건축물을 취득하여 실제로 이용하는 자가 해당 건축물의 일부를 임대하는 경우
   가. 「건축법 시행령」 [별표 1] 제1호의 단독주택[다중주택 및 공관(公館) 제외]
   나. 「건축법 시행령」 [별표 1] 제2호의 공동주택(기숙사 제외)
   다. 「건축법 시행령」 [별표 1] 제3호의 제1종 근린생활시설
   라. 「건축법 시행령」 [별표 1] 제4호의 제2종 근린생활시설
6. 「산업집적활성화 및 공장설립에 관한 법률」에 따른 공장을 취득하여 실제로 이용하는 자가 해당 공장의 일부를 임대하는 경우

32. ④ 난이도 上

ㄹ은 허가 면제 사유에 해당하지 않는다.
ㄹ. 토지거래허가 신청 당사자의 한쪽 또는 양쪽이 국가, 지방자치단체, 한국토지주택공사, 공공기관 또는 공공단체인 경우에는 그 기관의 장이 시장·군수 또는 구청장과 협의할 수 있고, 그 협의가 성립된 때에는 그 토지거래계약에 관한 허가를 받은 것으로 본다.

33. ① 난이도 上

ㄴ. 분묘기지권의 존속기간에 관하여는 「민법」의 지상권에 관한 규정에 따를 것이 아니라 당사자 사이에 약정이 있는 등 특별한 사정이 있으면 그에 따를 것이며, 그러한 사정이 없는 경우에는 권리자가 분묘의 수호와 봉사를 계속하며 그 분묘가 존속하고 있는 동안 분묘기지권은 존속한다(94다28970).
ㄷ. 자기 소유 토지에 분묘를 설치한 사람이 그 토지를 양도하면서 분묘를 이장하겠다는 특약을 하지 않음으로써 분묘기지권을 취득한 경우, 특별한 사정이 없는 한 분묘기지권자는 분묘기지권이 성립한 때부터 토지 소유자에게 그 분묘의 기지에 대한 토지사용의 대가로서 지료를 지급할 의무가 있다(2020다295892).

34. ② 난이도 上

① 가족묘지를 설치·관리하고자 하는 자는 해당 묘지를 관할하는 시장 등의 허가를 받아야 한다.
③ 1기의 분묘 또는 해당 분묘에 매장된 자와 배우자관계에 있던 자의 분묘를 같은 구역 안에 설치하는 묘지는 개인묘지에 해당한다.
④ 학교·20호 이상의 인가가 밀집한 지역·공중이 수시로 집합하는 시설 또는 장소로부터는 다음의 거리 이상 떨어진 곳에 설치해야 한다.
  ㉠ 개인묘지 및 가족묘지: 300m 이상
  ㉡ 종중·문중묘지 및 법인묘지: 500m 이상
⑤ 설치기간이 끝난 분묘의 연고자는 그 끝난 날부터 1년 이내에 해당 분묘에 설치된 시설물을 철거하고 매장된 유골을 화장하거나 봉안해야 한다.

35. ① 난이도 中

구분소유자는 전유부분과 분리하여 대지사용권을 처분할 수 없는 것이 원칙이다. 다만, 규약으로 달리 정할 때에는 전유부분과 분리하여 대지사용권을 처분할 수 있다.

36. ③ 난이도 下

매도인 丙이 甲과 乙 간의 명의신탁약정이 있다는 사실을 아는 경우 X토지의 소유자는 여전히 丙이다.

37. ⑤ 난이도 中

① 임차권등기명령의 집행에 의한 임차권등기가 경료된 주택을 그 이후에 임차한 소액임차인은 보증금 중 일정액에 대한 우선변제권이 없다.
② 경매개시결정등기 전에 대항요건을 갖추면 되고, 확정일자는 요건이 아니다.
③ 임차인만 2년 미만으로 정한 기간의 유효함을 주장할 수 있다.
④ 우선변제권을 승계한 금융기관 등은 다음에 해당하는 경우에는 우선변제권을 행사할 수 없다.
  ㉠ 임차인이 대항요건을 상실한 경우
  ㉡ 임차권등기명령에 따른 임차권등기 또는 「민법」 제621조에 따른 임대차등기가 말소된 경우

38. ① 난이도 中

임차인의 환산보증금이 10억원으로 환산보증금 범위(서울 9억원)를 초과하였다. 이 경우 임차인은 대항력, 계약갱신요구권, 3기 연체시 계약해지, 권리금 보호규정, 상가건물임대차 표준계약서 권장규정만 적용받는다.
환산보증금을 초과하는 임대차의 경우 묵시적 갱신은 「상가건물 임대차보호법」을 적용하지 않고 「민법」을 적용하게 된다. 따라서 묵시적 갱신이 된 경우 그 기간은 정함이 없는 것으로 본다.

39. ④ 난이도 中

매각허가결정에 즉시항고를 하려는 자는 매각대금의 10분의 1에 해당하는 금전 또는 유가증권을 공탁해야 한다.

40. ② 난이도 中

매수신청대리인으로 등록 당시 등록요건을 갖추지 않았던 경우 지방법원장은 매수신청대리인 등록을 취소해야 하며, 등록 후 매수신청대리 등록요건을 갖추지 않게 된 경우 지방법원장은 매수신청대리인 등록을 취소할 수 있다.

수고하셨습니다.
당신의 합격을 응원합니다.

www.pmg.co.kr

박문각 공인중개사

2025년도 제36회 시험대비 THE LAST 모의고사
정지웅 공인중개사법·중개실무

회차	문제수	시험과목
2회	40	공인중개사법·중개실무

수험번호		성명	

【정답 및 해설】

박문각은 여러분의 제36회 공인중개사 시험 합격을 진심으로 응원합니다!

공인중개사의 업무 및 부동산 거래신고에 관한 법령 및 중개실무

1. ②	2. ③	3. ⑤	4. ②	5. ①	6. ⑤	7. ①	8. ⑤
9. ⑤	10. ④	11. ②	12. ①	13. ③	14. ①	15. ③	16. ④
17. ①	18. ⑤	19. ②	20. ④	21. ①	22. ④	23. ④	24. ③
25. ④	26. ⑤	27. ①	28. ③	29. ③	30. ②	31. ③	32. ①
33. ⑤	34. ②	35. ③	36. ④	37. ②	38. ③	39. ④	40. ③

〈문제분석 및 총평〉

■ 체감난이도 : 중

■ 문항분석

난이도 하 10문항	하나도 틀리지 말 것 3, 4, 9, 13, 17, 18, 23, 25, 33, 36
난이도 중 23문항	19개 이상 맞을 것 1, 2, 5, 6, 8, 10, 14, 15, 19, 20, 21, 22, 24, 26, 27, 28, 29, 31, 35, 37, 38, 39, 40
난이도 상 7문항	3개 이상 맞을 것 7, 11, 12, 16, 30, 32, 34

■ 총평

2회 모의고사는 제34회와 유사한 난이도이며 제35회보다는 쉬운 편입니다. 85점 이상 득점하였다면 무난하게 합격이 가능하며 75점 이상인 경우에는 남은 기간 안에 10점 정도 더 올리는 노력을 해야 합니다. 75점 미만이라면 최종요약서 이론부분의 강의를 계속 반복하여 들으며 암기하면 10점~20점 정도 오를 것이며 100선, 동형 모의고사 및 콩투모고사 위주로 문제풀이 학습을 하시면 됩니다. 60점 미만으로 득점하였다면 기출지문을 반복하여 훈련하시기 바라며 최종요약서 이론강의 반복하여 듣기, 기출지문을 반복하여 풀어봄으로써 지문을 눈에 익히면 충분히 점수를 올릴 수 있습니다.

---

1. ②   난이도 中

① 공인중개사는 이 법에 의하여 공인중개사 자격을 취득한 자를 말한다.
③ 개업공인중개사와 중개의뢰인 간의 관계는 「민법」상 위임관계와 같으므로 개업공인중개사가 중개대상물 이외의 물건, 권리 또는 지위를 중개하는 경우에도 선량한 관리자의 주의로 권리관계 등을 조사·확인하여 설명할 의무가 있다(2012다74342).
④ 1년 이하의 징역 또는 1천만원 이하의 벌금에 처한다.
⑤ 무자격자가 공인중개사의 업무를 수행하였는지 여부는 외관상 공인중개사가 직접 업무를 수행하는 형식을 취하였는지 여부에 구애됨이 없이 실질적으로 무자격자가 공인중개사의 명의를 사용하여 업무를 수행하였는지 여부에 따라 판단해야 한다. 무자격자가 거래를 성사시켜 작성한 계약서에 공인중개사가 인감을 날인하는 것은 자신이 직접 공인중개사 업무를 수행하는 형식만 갖추었을 뿐, 실질적으로는 무자격자로 하여금 자기 명의로 공인중개사 업무를 수행하도록 한 것이므로 자격증의 대여에 해당한다(2006도9334).

2. ③   난이도 中

ㄱ. 공인중개사 자격이 없는 자가 우연한 기회에 단 1회 타인 간의 거래행위를 중개한 경우 등과 같이 '중개를 업으로 한' 것이 아니라면 그에 따른 중개보수 지급약정이 강행법규에 위배되어 무효라고 할 것은 아니다(2010다86525).
ㄷ. 거래당사자들로부터 보수를 현실적으로 받지 아니하고 단지 보수를 받을 것을 약속하거나 거래당사자들에게 보수를 요구하는 데 그친 경우에는 '중개업'에 해당한다고 할 수 없다(2006도4842).

---

3. ⑤   난이도 下

① 위원장은 국토교통부 제1차관이 된다.
② 정책심의위원회에서 공인중개사의 시험 등 공인중개사의 자격취득에 관한 사항을 심의한 경우에는 시·도지사는 이에 따라야 한다.
③ 의위원회의 회의는 재적위원 과반수의 출석으로 개의(開議)하고, 출석위원 과반수의 찬성으로 의결한다.
④ 위원장 1명을 포함하여 7명 이상 11명 이내의 위원으로 구성한다.

4. ②   난이도 下

결격사유에 해당하는 자는 ㄱ, ㄹ이다.
ㄱ. 집행유예기간 만료 후 2년이 더 지나야 결격사유에서 벗어난다.
ㄹ. 등록취소 후 3년간 결격사유에 해당하는 경우이다.
ㄴ. 「공인중개사법」을 위반하여 300만원 이상의 벌금형을 선고받은 자는 3년간 결격사유에 해당한다. 과태료 처분을 받은 경우는 결격사유가 아니다.
ㄷ. 업무정지기간 중인 개업공인중개사인 법인의 업무정지사유가 발생한 당시의 사원 또는 임원이었던 자는 결격사유이며, 사유가 발생한 후에 선임된 사원 또는 임원은 결격사유가 아니다.

5. ①   난이도 中

ㄷ. 건축물대장 및 법인등기사항증명서는 등록관청이 행정정보의 공동이용을 통해 직접 확인하므로 제출서류가 아니다.
ㄹ. 준공검사, 준공인가, 사용승인, 사용검사 등을 받은 건물이면 건축물대장에 기재되기 전의 건물에 중개사무소 개설등록을 할 수 있다.

6. ⑤   난이도 中

⑤ 중개사무소의 명칭, 소재지, 연락처, 등록번호, 개업공인중개사의 성명(법인의 경우 대표자의 성명)을 명시해야 한다.
① 소속공인중개사의 이중소속은 자격정지사유이다.
② 입목·광업재단·공장재단용 확인·설명서에는 입지조건 기재란이 없다.
③ 주된 사무소의 소재지를 관할하는 등록관청에 제출하여야 한다.
④ 분사무소는 법인인 개업공인중개사만 둘 수 있다.

7. ①   난이도 上

ㄴ. 부동산의 이용·개발 및 거래에 관한 상담을 할 수 있다.
ㄷ. 주거이전에 부수되는 용역의 알선을 할 수 있다.
ㄹ. 경매 대상 부동산에 대한 권리분석 및 취득의 알선을 할 수 있다.

8. ⑤   난이도 中

⑤ 행정상 책임으로서 중개보조원의 위법행위로 개업공인중개사가 행정처분을 받을 수 있다. 개업공인중개사가 금지행위를 한 것으로 보아 임의적 등록취소사유에 해당한다.
① 중개보조원을 고용한 때에는 직무교육을 받도록 한 후 업무개시 전까지 고용신고를 신고해야 한다.
② 국토교통부장관, 시·도지사 및 등록관청은 필요하다고 인정하면 개업공인중개사 등의 부동산거래사고 예방을 위한 교육을 실시할 수 있다.
③ 고용신고는 전자문서로 가능하다.
④ 중개보조원은 「민법」상 불법행위자로서의 손해배상책임을 진다. 또한 개업공인중개사는 자신의 고의 또는 과실 여부에 관계없이 손해배상책임을 진다.

9. ⑤ 난이도 下

등록관청에 중개사무소의 이전사실을 신고한 경우, 폐업사실을 신고한 경우 및 중개사무소의 개설등록 취소처분을 받은 경우에는 지체 없이 사무소의 간판을 철거해야 한다. 철거를 이행하지 않는 경우 등록관청은「행정대집행법」에 따라 대집행을 할 수 있으며 과태료 부과대상은 아니다.

10. ④ 난이도 中

ㄴ. 분사무소설치신고확인서를 첨부해야 한다.
ㄷ. 분사무소의 설치신고 및 이전신고는 모두 주된 사무소 관할 등록관청에 해야 한다.

11. ② 난이도 上

② 100만원 이하의 과태료사유에 해당하며 대통령령에 규정된 부과기준금액은 20만원이다.
① 중개업을 폐업하고자 하는 경우에는 등록관청에 미리 신고해야 한다.
③ 질병, 징집, 취학 등 부득이한 사유가 없다면 휴업기간은 6개월을 초과할 수 없다.
④ 휴업기간 변경신고 및 중개업의 재개신고는 전자문서로 할 수 있다.
⑤ 관할 세무서장이「부가가치세법 시행령」에 따라 부동산중개업의 휴업·폐업·휴업기간의 변경·휴업한 중개업의 재개신고서를 받아 해당 등록관청에 송부한 경우에는 부동산중개업 휴업·폐업·휴업기간의 변경·휴업한 중개업의 재개신고서가 제출된 것으로 본다.

12. ① 난이도 上

* 개업공인중개사가 의뢰받은 중개대상물에 대하여 표시·광고를 하려면 중개사무소 및 개업공인중개사에 관한 다음의 사항을 명시해야 한다.

  1. 중개사무소의 명칭, 소재지, 연락처 및 등록번호
  2. 개업공인중개사의 성명(법인인 경우에는 대표자의 성명)

* 인터넷을 이용한 표시·광고를 하는 경우 위 중개사무소 및 개업공인중개사에 관한 사항 외에 중개대상물에 관한 다음의 사항을 추가로 명시해야 한다.

  1. 중개대상물의 종류, 소재지, 면적, 가격
  2. 거래 형태
  3. 건축물 및 그 밖의 토지의 정착물인 경우 다음의 사항
     1) 총 층수
     2)「건축법」또는「주택법」등에 따른 사용승인·사용검사·준공검사 등을 받은 날
     3) 해당 건축물의 방향, 방의 개수, 욕실의 개수, 입주가능일, 주차대수 및 관리비

13. ③ 난이도 下

• (ㄱ. 수시) 모니터링 업무는 중개대상물의 표시·광고 내용을 위반한 사실이 의심되는 경우 등 국토교통부장관이 필요하다고 판단하여 실시하는 모니터링을 말한다.
• 모니터링 기관은 수시 모니터링 업무를 수행한 경우 해당 업무에 따른 결과보고서를 업무를 완료한 날부터 (ㄴ. 15)일 이내에 국토교통부장관에게 제출해야 한다.
• 시·도지사 및 등록관청은 조사 및 조치의 요구를 받으면 신속하게 조사 및 조치를 완료하고, 완료한 날부터 (ㄷ. 10)일 이내에 그 결과를 국토교통부장관에게 통보해야 한다.

14. ① 난이도 中

ㄱ. 개업공인중개사가 고용할 수 있는 중개보조원의 수는 개업공인중개사와 소속공인중개사를 합한 수의 5배를 초과하여서는 아니 된다.
ㄴ.「주택임대차보호법」에 따른 임대인의 정보 제시 의무에 관한 사항은 주택의 임대차계약을 중개하는 경우에 확인·설명해야 할 사항이다.
ㄷ. 중개보조원은 현장안내 등 중개업무를 보조하는 경우 중개의뢰인에게 본인이 중개보조원이라는 사실을 미리 알려야 한다.

15. ③ 난이도 中

③ 중개보수에 해당하는 금액을 위약금으로 지불해야 한다. 위약금을 지불해야 한다는 표현도 옳다.
① 권리를 취득함에 따라 부담해야 할 조세의 종류 및 세율은 중개대상물 확인·설명 사항에 해당한다.
② 희망물건의 종류는 매수·임차의뢰인과 작성하는 권리취득용에 기재할 사항이다.
④ 전속중개계약 체결 후 7일 이내에 정보를 공개해야 한다.
⑤ 전속중개계약을 체결한 개업공인중개사가 중개대상물의 정보를 공개하지 아니한 경우는 등록을 취소할 수 있는 사유이다.

16. ④ 난이도 上

ㅁ. 현장안내는 주거용 건축물 확인·설명서에만 기재할 사항이다.

17. ① 난이도 下

비주거용 건축물 확인·설명서에는 환경조건을 기재하지 않는다. 환경조건은 주거용 건축물 확인·설명서에만 기재한다.

18. ⑤ 난이도 下

개업공인중개사는 중개대상물에 관하여 중개가 완성된 때에는 거래계약서를 작성하여 거래당사자에게 교부하고 5년 동안 그 원본, 사본 또는 전자문서를 보존해야 한다. 다만, 거래계약서가 공인전자문서센터에 보관된 경우에는 그러하지 아니하다.

19. ②

① 반환채무이행의 보장과 관련하여 든 실비는 매수인이 부담한다.
③ 개업공인중개사는 자기 소유의 예치금과 분리하여 관리될 수 있도록 해야 한다.
④ 개업공인중개사는 예치된 계약금 등을 거래당사자의 동의 없이 인출하여서는 안 된다.
⑤ 매도인은 해당 계약을 해제한 때에 중도금의 반환을 보장하는 내용의 금융기관 또는 보증보험회사가 발행하는 보증서를 계약금 등의 예치명의자(丙)에게 교부하고 중도금을 미리 수령할 수 있다.

20. ④

④ 임의적 등록취소사유이므로 업무정지사유에도 해당한다.
① 개업공인중개사는 중개가 완성된 때에는 거래당사자에게 손해배상책임의 보장에 관한 사항을 설명하고, 보증관계증서 사본을 교부하거나 전자문서를 제공해야 한다.
② 중개행위에 해당하는지 여부는 개업공인중개사가 진정으로 거래당사자를 위하여 거래를 알선·중개하려는 의사를 갖고 있었느냐고 하는 개업공인중개사의 주관적 의사에 의하여 결정할 것이 아니라 개업공인중개사의 행위를 객관적으로 보아 사회통념상 거래의 알선·중개를 위한 행위라고 인정되는지 여부에 의하여 결정해야 한다(2005다32197).
③ 개업공인중개사는 거래당사자에게 발생한 모든 손해에 대하여 배상책임을 진다.
⑤ 甲이 A의 공인중개사 자격증과 등록증을 대여받아 중개사무소를 운영하던 중 자신이 오피스텔을 소유하고 있는 것처럼 가장하여 임차의뢰인 乙과 직접 거래당사자로서 임대차계약을 체결한 경우 임대차계약서의 중개사란에 중개사무소의 명칭이 기재되고, 공인중개사 명의로 작성된 확인·설명서가 교부되었다고 하더라도 甲의 위 행위를 객관적으로 보아 사회통념상 거래당사자 사이의 임대차를 알선·중개하는 행위에 해당한다고 볼 수 없다(2010다101486).

21. ①

ㄱ. 단체를 구성하여 특정 중개대상물에 대하여 중개를 제한하거나 단체 구성원 이외의 자와 공동중개를 제한하는 행위는 개업공인중개사 등에게 금지되는 행위이다.
ㄴ. 누구든지 해서는 아니되는 업무방해행위이므로 개업공인중개사에게도 금지된다.
ㄷ. 개업공인중개사가 토지와 건물의 임차권 및 권리금, 시설비의 교환계약을 중개하고 그 사례 명목으로 포괄적으로 지급받은 금원 중 어느 금액까지가 「공인중개사법」의 규율대상인 중개보수에 해당하는지를 특정할 수 없어 같은 법이 정한 한도를 초과하여 중개보수를 지급받았다고 단정할 수 없다(2005도6054). 따라서 금지행위가 아니다.
ㄹ. 분양대행은 중개와 구별되는 업무이므로 중개보수 초과인 금지행위가 아니다.

22. ④

등록관청은 다음의 어느 하나에 해당하는 자를 등록관청, 수사기관이나 부동산거래질서교란행위 신고센터에 신고 또는 고발한 자에 대하여 포상금을 지급할 수 있다.

> 1. 중개사무소의 개설등록을 하지 아니하고 중개업을 한 자
> 2. 거짓이나 그 밖의 부정한 방법으로 중개사무소의 개설등록을 한 자
> 3. 중개사무소등록증 또는 공인중개사자격증을 다른 사람에게 양도·대여하거나 다른 사람으로부터 양수·대여받은 자
> 4. 개업공인중개사가 아닌 자로서 중개대상물에 대한 표시·광고를 한 자
> 5. 금지행위 가운데 다음의 위반행위를 한 자
>   ㉠ 거짓으로 거래가 완료된 것처럼 꾸미는 등 중개대상물의 시세에 부당한 영향을 주거나 줄 우려가 있는 행위
>   ㉡ 단체를 구성하여 특정 중개대상물에 대하여 중개를 제한하거나 단체 구성원 이외의 자와 공동중개를 제한하는 행위
>   ㉢ 안내문, 온라인 커뮤니티 이용하여 특정 개업공인중개사에 대한 중개의뢰를 제한하거나 제한을 유도하는 행위 / 시세보다 현저하게 높게 표시·광고 또는 중개하는 특정 개업공인중개사에게만 중개의뢰를 하도록 유도하는 행위 / 특정 가격 이하로 중개를 의뢰하지 아니하도록 유도하는 행위
>   ㉣ 개업공인중개사의 정당한 표시·광고 행위를 방해하는 행위
>   ㉤ 개업공인중개사에게 시세보다 현저하게 높게 표시·광고하도록 강요하는 행위
>   ㉥ 개업공인중개사에게 대가를 약속하고 현저하게 높게 표시·광고하도록 유도하는 행위

23. ④

중개대상물 확인·설명서를 교부하지 않거나 보존하지 않은 경우는 개업공인중개사의 업무정지사유이다.

24. ③

옳은 것은 ㄴ, ㄹ, ㅁ이다.
ㄱ. 중개대상물의 가격 등 내용을 사실과 다르게 거짓으로 표시·광고하거나 사실을 과장되게 하는 표시·광고를 한 자 − 500만원 이하의 과태료 − 등록관청
ㄷ. 현장안내 등 중개업무를 보조함에 있어서 중개의뢰인에게 중개보조원임을 알리지 아니한 자 − 500만원 이하의 과태료 − 등록관청

25. ④

④ 3년 이하의 징역 또는 3천만원 이하의 벌금
①②③⑤ 1년 이하의 징역 또는 1천만원 이하의 벌금

26. ⑤ 난이도 中

⑤ 수도권 등(수도권, 광역시, 세종시)에서 1억원 이상 토지(단, 지분 매수의 경우 모든 가격의 토지) 및 수도권 등 외의 지역에서 6억원 이상 토지를 거래하는 경우에는 토지의 취득에 필요한 자금의 조달계획 및 토지의 이용계획을 신고해야 한다.
① 신고대상인 '부동산 등'에 포함된다.
② 개업공인중개사가 신고해야 하고 거래당사자는 신고의무가 없다.
③ 공장재단은 신고대상에 포함되지 않는다.
④ 신고관청은 신고내용의 조사 결과를 시·도지사에게 보고해야 하며, 시·도지사는 매월 1회 국토교통부장관에게 보고해야 한다.

27. ① 난이도 中

정정신청대상은 ㄱ이며, ㄷ. 거래가격은 변경신고 대상이다.
ㄴ. 부동산 등의 소재지·지번, ㄹ. 매수인의 성명은 정정신청 대상이 될 수 없다.

28. ⑤ 난이도 中

자금의 조달계획을 증명하는 서류는 「주택법」에 따른 투기과열지구에 소재하는 주택인 경우에만 제출한다.
법인이 주택의 매매계약을 체결한 경우에는 아래의 내용을 신고해야 한다.

1. 주택의 매도법인 및 매수법인
   - 법인의 등기 현황
   - 법인과 거래상대방 간의 관계
2. 주택의 매수법인
   - 거래대상인 주택의 취득목적
   - 임대 등 거래대상 주택의 이용계획
   - 자금의 조달계획 및 지급방식. 이 경우 투기과열지구에 소재하는 주택의 경우 자금의 조달계획을 증명하는 서류를 첨부해야 한다.

29. ③ 난이도 中

① 정부 간 기구는 외국인 등에 포함된다.
② 300만원 이하의 과태료사유이다.
④ 신고관청으로부터 허가를 받아야 한다.
⑤ 취득한 날부터 6개월 이내에 신고해야 한다.

30. ② 난이도 上

ㄱ. 甲과 乙은 공동으로 계약체결일부터 30일 이내에 A시장에게 임대차 계약을 신고해야 한다.
ㄷ. 임대차 계약을 신고한 후 甲이 차임을 증액한 경우, 甲과 乙은 공동으로 A시장에게 증액을 신고해야 한다.

31. ③ 난이도 中

②③ 선매협의 : 선매자로 지정된 자는 지정 통지를 받은 날부터 15일 이내에 매수가격 등 선매조건을 기재한 서면을 토지소유자에게 통지하여 선매협의를 하여야 하며, 지정 통지를 받은 날부터 1개월 이내에 그 토지 소유자와 선매협의를 끝내야 한다. 선매자는 지정 통지를 받은 날부터 1개월 이내에 선매협의조서를 허가관청에 제출해야 한다.
① 시장·군수 또는 구청장은 아래의 토지에 대하여 허가신청이 있는 경우 국가, 지방자치단체, 한국토지주택공사, 공공기관 또는 공공단체 중에서 선매자를 지정하여 그 토지를 협의 매수하게 할 수 있다.

- 공익사업용 토지
- 허가를 받아 취득한 토지를 그 이용목적대로 이용하고 있지 아니한 토지

④ 선매자가 토지를 매수할 때의 가격은 감정가격을 기준으로 하되, 허가신청서에 적힌 가격이 감정가격보다 낮은 경우에는 허가신청서에 적힌 가격으로 할 수 있다.
⑤ 허가관청은 선매협의가 이루어지지 아니한 경우에는 지체 없이 허가 또는 불허가의 여부를 결정하여 통보해야 한다.

32. ① 난이도 上

② 대체토지를 취득한 자는 2년 동안 허가받은 목적대로 이용해야 한다.
③ 「주택법」에 따른 사업계획승인을 받아 조성한 대지를 공급 또는 주택을 공급하는 경우에는 토지거래허가 규정을 적용하지 아니한다.
④ 국토교통부장관, 시·도지사, 시장·군수 또는 구청장은 다음의 어느 하나에 해당하는 자에게 허가 취소 또는 그 밖에 필요한 처분을 하거나 조치를 명할 수 있다.
㉠ 토지거래계약에 관한 허가 또는 변경허가를 받지 아니하고 계약 또는 그 변경계약을 체결한 자
㉡ 부정한 방법으로 토지거래계약에 관한 허가를 받은 자
㉢ 토지거래계약에 관한 허가를 받은 자가 그 토지를 허가받은 목적대로 이용하지 아니한 자
⑤ 처분에 이의가 있는 자는 그 처분을 받은 날부터 1개월 이내에 시장·군수 또는 구청장에게 이의를 신청할 수 있다.

33. ⑤ 난이도 下

신고(허가)관청으로부터 포상금 지급 결정을 통보받은 신고인 또는 고발인은 국토교통부령으로 정하는 포상금 지급신청서를 작성하여 신고관청 또는 허가관청에 제출해야 한다. 신고(허가)관청은 포상금지급신청서가 접수된 날부터 2개월 이내 지급해야 한다.

34. ② 난이도 上

ㄱ. 乙은 소유권을 취득하므로 甲은 乙에 대하여 X토지에 관한 소유권이전등기말소를 청구할 수 없다.
ㄴ. 경매에 관한 계약명의신탁의 경우는 매도인 丙이 명의신탁약정 사실을 알았더라도 명의수탁자 乙은 소유권을 취득한다.

35. ② 난이도 中

전유부분과 공용부분의 지분은 일체성을 가지므로 전유부분이 이전하면 공용 부분의 지분은 당연히 함께 이전하므로 공용부분에 관한 물권의 득실변경은 등기가 필요하지 않다.

36. ④ 난이도 下

개인자연장지를 조성한 자는 자연장지의 조성을 마친 후 30일 이내에 관할 시장 등에게 신고해야 한다. 가족자연장지, 종중·문중자연장지를 조성하려는 자는 관할 시장 등에게 신고해야 한다.

37. ② 난이도 中

① 임차인의 선순위 저당권의 경매실행으로 주택이 매각된 경우, 임차인은 매수인에게 대항할 수 없다.
③ 주식회사의 대표이사 또는 사내이사로 등기된 사람은 위에서 말하는 '직원'에서 제외된다고 보아야 한다(2023다226866).
④ 대항력을 갖추지 못한 임차인의 경우, 주택이 다른 사람에게 이전되었더라도 종전 임대인은 여전히 임차보증금 반환의무를 부담한다(2020다276914).
⑤ 임대차계약의 당사자가 아닌 이해관계인 또는 임대차계약을 체결하려는 자는 확정일자부여기관에 임대차목적물, 확정일자 부여일, 차임·보증금, 임대차기간의 열람 또는 그 내용을 기록한 서면의 교부를 요청할 수 있다. ▶ 인적사항 제외

38. ③ 난이도 中

③ 환산보증금 범위(서울 9억원 이하) 내의 경우 임차인의 갱신요구에 따라 갱신되는 임대차는 전 임대차와 동일한 조건으로 다시 계약된 것으로 보며 차임과 보증금은 100분의 5 범위 내에서 증액할 수 있다.
① 서울에서 환산보증금 6,500만원 이하의 임차인은 소액임차인에 해당하므로 옳은 지문이다.
④ 환산보증금 이하의 임대차에서 1년 미만으로 약정한 경우 그 기간은 1년으로 본다.
⑤ 환산보증금 이하의 임대차에서 묵시적 갱신이 된 경우 그 기간은 1년으로 보며 임차인만 계약의 해지를 통고할 수 있다.

39. ④ 난이도 中

① 배당요구의 종기는 첫 매각기일 이전의 날로 정한다.
② 매각대금의 10분의 1
③ 배당요구의 유무에 따라 매수인이 인수해야 할 부담이 바뀌는 경우 배당요구한 채권자는 배당요구의 종기가 지난 후에는 이를 철회하지 못한다.
⑤ 공유물 지분에 대한 경매의 경우 채무자 지분이 아닌 다른 지분의 소유자는 매각기일까지 보증을 제공하고 최고매수신고가격과 동일한 가격으로 채무자의 지분을 우선매수신청할 자격이 있다.

40. ③ 난이도 中

③ 개업공인중개사는 위임인으로부터 매수신청의 위임을 받아 다음의 업무를 할 수 있다.
㉠ 매수신청 보증의 제공
㉡ 입찰표의 작성 및 제출
㉢ 차순위매수신고
㉣ 매수신청의 보증을 돌려 줄 것을 신청하는 행위
㉤ 공유자의 우선매수신고
㉥ 구「임대주택법」에 따른 임대주택 임차인의 임대주택 우선매수신고
㉦ 공유자 또는 임대주택 임차인의 우선매수신고에 따라 차순위매수신고인으로 보게 되는 경우 그 차순위매수신고인의 지위를 포기하는 행위
⑤ 개업공인중개사는 다음의 어느 하나에 해당하는 경우에는 10일 이내에 지방법원장에게 그 사실을 신고해야 한다.
㉠ 중개사무소를 이전한 경우, 분사무소를 설치한 경우, 중개업을 휴업 또는 폐업한 경우
㉡ 자격취소·자격정지, 중개사무소 개설등록취소·업무정지 처분을 받은 경우

수고하셨습니다.
당신의 합격을 응원합니다.

www.pmg.co.kr

박문각 공인중개사

2025년도 제36회 시험대비 THE LAST 모의고사
정지웅 공인중개사법·중개실무

회차	문제수	시험과목
3회	40	공인중개사법·중개실무

수험번호		성명	

【정답 및 해설】

박문각은 여러분의 제36회 공인중개사 시험 합격을 진심으로 응원합니다!

공인중개사의 업무 및 부동산 거래신고에 관한 법령 및 중개실무

1. ⑤	2. ②	3. ①	4. ①	5. ⑤	6. ①	7. ④	8. ⑤
9. ②	10. ③	11. ③	12. ③	13. ①	14. ①	15. ④	16. ②
17. ②	18. ③	19. ①	20. ①	21. ②	22. ③	23. ⑤	24. ②
25. ①	26. ③	27. ③	28. ④	29. ⑤	30. ④	31. ③	32. ④
33. ③	34. ④	35. ②	36. ④	37. ②	38. ②	39. ④	40. ⑤

⟨문제분석 및 총평⟩

■ 체감난이도 : 상

■ 문항분석

난이도 하 13문항	하나도 틀리지 말 것
	2, 4, 5, 8, 13, 15, 19, 20, 22, 23, 25, 29, 36
난이도 중 16문항	12개 이상 맞을 것
	3, 6, 7, 9, 10, 12, 17, 18, 21, 24, 28, 31, 32, 33, 34, 38
난이도 상 11문항	5개 이상 맞을 것
	1, 11, 14, 16, 26, 27, 30, 35, 37, 39, 40

■ 총 평

3회 모의고사는 제35회 시험과 유사한 난이도입니다. 80점 이상 득점하였다면 무난하게 합격이 가능하며 70점 이상인 경우에는 남은 기간 안에 10점 정도 더 올리는 노력을 해야 합니다. 70점 미만이라면 최종요약서 이론부분의 강의를 계속 반복하여 들으며 암기하면 10점 이상 오를 것이니 100선, 동형모의고사 및 봉투모의고사와 함께 공부하시면 됩니다. 60점 미만으로 득점하였다면 기출지문을 반복하여 훈련하시기 바라며 최종요약서 이론강의 반복하여 듣기, 기출지문을 반복하여 풀어봄으로써 지문을 눈에 익히면 충분히 점수를 올릴 수 있습니다.

1. ⑤   난이도 上

ㄱ. 개업공인중개사가 부동산을 중개하는 과정에서 채무인수의 법적 성격에 관하여 조사·확인하여 설명하지 않았다는 사정만으로 선량한 관리자의 주의로 신의를 지켜 성실하게 중개행위를 하여야 할 의무를 위반하였다고 볼 수는 없다(2024다239364).

ㄴ. 공매는 강제매각으로서 매매의 성격도 갖고 있으므로 공매 부동산의 취득의 알선은 매매에 관한 취득의 알선이라고 볼 수도 있다. 그러므로 중개보수 초과금지 규정은 공매 대상 부동산 취득의 알선에 대해서도 적용된다(2017다243723).

ㄷ. 거래당사자 간의 계약을 알선하였더라도, 중개업무를 의뢰하지 않은 거래당사자로부터 별도의 지급 약정 등 특별한 사정이 없는 한 원칙적으로 중개보수를 받을 수 없다(2023다252162).

2. ②   난이도 下

ㄴ. 영업용 건물의 영업시설·비품 등 유형물이나 거래처, 신용, 영업상의 노하우 또는 점포위치에 따른 영업상의 이점 등 무형의 재산적 가치는 중개대상물이라고 할 수 없다(2005도6054).

ㄹ. 중개대상물인 건축물은 「민법」상의 부동산인 건축물에 한정된다. 법률상 독립된 부동산으로서의 건물이라고 하려면 최소한의 기둥과 지붕 그리고 주벽이 이루어져야 할 것인바, 세차장구조물은 주벽이라고 할 만한 것이 없고, 볼트만 해체하면 쉽게 토지로부터 분리·철거가 가능하므로 이를 토지의 정착물인 중개대상물이라고 볼 수 없다(2008도9427).

3. ①   난이도 中

임대차 확인사항은 다음과 같다.

- 확정일자 부여현황 정보
- 국세 및 지방세 체납정보
- 전입세대 확인서
- 최우선변제금
- 민간임대 등록 여부
- 계약갱신요구권 행사 여부

관리비는 "관리에 관한 사항"에 포함된 내용이다.

4. ①   난이도 下

정당한 사유 없이 연수교육을 받지 않은 개업공인중개사 및 소속공인중개사에게 500만원 이하의 과태료를 부과한다.

5. ⑤   난이도 下

① 자격정지처분은 최대 6개월이므로 결격사유에 해당하지 않는다.
② 선고유예를 받은 경우는 결격사유에 해당하지 않는다.
③ 법인의 해산을 이유로 등록취소된 경우는 결격사유에 해당하지 않는다.
④ 등록기준에 미달하여 등록이 취소된 경우는 결격사유에 해당하지 않는다.

6. ①   난이도 中

ㄴ. 일반중개계약서는 법령에 표준서식이 있으나 이를 사용할 의무가 없다.
ㄷ. 휴업기간 중에도 이중소속은 할 수 없다.
ㄹ. 외국인을 고용하는 경우에는 결격사유에 해당하지 아니함을 증명하는 서류를 첨부해야 한다. 소속공인중개사의 고용신고를 받은 등록관청은 자격증을 발급한 시·도지사에게 자격 확인을 요청해야 하므로 공인중개사 자격증 사본은 첨부하지 않는다.

7. ④   난이도 中

과태료 부과기준이 아닌 것은 ㄴ, ㄹ이다.

ㄴ. 정당한 사유 없이 개업공인중개사 등의 중개대상물에 대한 정당한 표시·광고 행위를 방해하는 행위는 3년 이하의 징역 또는 3천만원 이하의 벌금에 처한다.
ㄹ. 개업공인중개사가 아닌 자가 중개업을 하기 위하여 중개대상물에 대한 표시·광고를 하는 행위는 1년 이하의 징역 또는 1천만원 이하의 벌금에 처한다.
ㄱ. 중개대상물의 부당한 표시·광고를 하는 행위로서 500만원 이하의 과태료를 부과한다.
ㄷ. 중개대상물의 부당한 표시·광고를 하는 행위로서 500만원 이하의 과태료를 부과한다.

8. ⑤   난이도 下

개업공인중개사가 인터넷을 이용하여 표시·광고를 하는 때에는 <u>중개사무소 및 개업공인중개사에 관한 사항(사무소의 명칭, 소재지, 연락처, 등록번호, 개업공인중개사의 성명) 외</u>에 중개대상물의 종류별로 대통령령으로 정하는 소재지, 면적, 가격 등의 사항을 명시하여야 한다.

1. 소재지, 면적, 가격
2. 중개대상물 종류
3. 거래 형태
4. 건축물 및 그 밖의 토지의 정착물인 경우 다음의 사항
   1) 총 층수
   2) 「건축법」 또는 「주택법」 등에 따른 사용승인·사용검사·준공검사 등을 받은 날
   3) 해당 건축물의 방향, 방의 개수, 욕실의 개수, 입주가능일, 주차대수 및 관리비

9. ②   난이도 中

ㄱ. 공인중개사자격증 원본을 게시해야 한다.
ㄴ. 실무교육 수료증은 게시할 의무가 없다.
ㄹ. 모니터링 기관은 수시 모니터링 업무를 수행한 경우 해당 업무에 따른 결과보고서를 업무를 완료한 날부터 15일 이내에 국토교통부장관에게 제출해야 한다.

10. ③   난이도 中

① 일반중개계약이 아닌 전속중개계약을 체결한 경우에 정보를 공개할 의무가 있다.
② 유효기간은 당사자간의 약정으로 정할 수 있으며, 약정이 없는 한 3개월로 한다.
③ 일반중개계약서 및 전속중개계약서에 공통으로 기술된 내용이다.
④ 일반중개계약이 아닌 전속중개계약을 체결한 경우의 의무이다.
⑤ 일반중개계약서는 보존의무가 없으며 전속중개계약서를 3년 동안 보존할 의무가 있다.

11. ⑤   난이도 上

토지이용계획, 공법상 이용제한 및 거래규제에 관한 사항의 "건폐율 상한 및 용적률 상한"은 시·군의 조례에 따라 적고, "도시·군계획시설", "지구단위계획구역, 그 밖의 도시·군관리계획"은 개업공인중개사가 확인하여 적으며, 공부에서 확인할 수 없는 사항은 부동산종합공부시스템 등에서 확인하여 적는다. 다만, <u>임대차의 경우에는 기재를 생략할 수 있다.</u>

12. ③   난이도 中

입목·광업재단·공장재단용 확인·설명서에는 토지이용계획, 공법상 이용제한 및 거래규제 사항을 기재하지 않는다.

13. ⑤   난이도 下

예치명의자는 개업공인중개사 또는 대통령령이 정하는 다음의 자로 한다.

1. 공제사업을 하는 자(공인중개사협회)
2. 「은행법」에 따른 은행
3. 「보험업법」에 따른 보험회사
4. 「자본시장과 금융투자업에 관한 법률」에 따른 신탁업자
5. 「우체국예금·보험에 관한 법률」에 따른 체신관서
6. 계약금·중도금 또는 잔금 및 계약 관련서류를 관리하는 업무를 수행하는 전문회사

14. ①   난이도 上

ㄴ. '개업공인중개사가 서명 및 날인을 해야 하는 확인·설명서'란 개업공인중개사가 '거래당사자에게 교부하는' 확인·설명서를 의미하고, 보존하는 중개대상물 확인·설명서는 포함되지 않는다(2022두57381).
ㄷ. 중개보수 및 실비의 금액과 그 산출내역은 확인·설명서 기재사항이다.
ㄹ. 임의적 등록취소사유이므로 중개사무소 개설등록을 <u>취소할 수 있다.</u>

15. ④   난이도 下

④ 개업공인중개사가 다른 개업공인중개사의 중개로 매도하거나 매수하는 경우에는 중개의뢰인과 직접거래에 해당되지 않는다.
① 누구든지 해서는 안 되는 금지행위이다.
③ 쌍방대리는 금지행위이다.
⑤ 부당한 이익을 얻거나 제3자에게 부당한 이익을 얻게 할 목적으로 거짓으로 거래가 완료된 것처럼 꾸미는 등 중개대상물의 시세에 부당한 영향을 주거나 줄 우려가 있는 행위는 금지행위이다.

16. ②   난이도 上

② 부동산 거래신고를 거짓으로 한 행위도 신고센터에 신고할 수 있는 부동산거래질서 교란행위에 해당한다.
① 국토교통부장관은 신고센터의 업무를 한국부동산원에 위탁한다.
③ 신고센터에 교란행위를 신고하려는 자는 다음의 사항을 서면(전자문서 포함)으로 제출해야 한다.
㉠ 신고인 및 피신고인의 인적사항
㉡ 교란행위의 발생일시·장소 및 그 내용
㉢ 증거자료, 참고인의 인적사항
④ 신고센터의 요구를 받은 시·도지사 및 등록관청 등은 신속하게 조사 및 조치를 완료하고, 완료한 날부터 10일 이내에 그 결과를 <u>신고센터에 통보해야 한다.</u>
⑤ 신고내용이 이미 수사기관에서 수사 중이거나 재판이 계속 중이거나 법원의 판결에 의해 확정된 경우라도 국토교통부장관의 승인을 얻어 처리를 종결할 수 있다.

17. ②
난이도 中

옳은 것은 ㄱ, ㄷ이다.
ㄷ. 동일한 중개대상물에 대하여 동일 당사자 간에 매매를 포함한 둘 이상의 거래가 동일 기회에 이루어지는 경우에는 매매계약에 관한 거래금액만을 적용한다. 그러므로 임대차계약에 관한 중개보수는 받을 수 없다.
ㄴ. 중개대상물의 소재지와 개업공인중개사의 사무소의 소재지가 다른 경우에는 사무소의 소재지를 관할하는 시·도의 조례로 정한 기준에 따라 중개보수 및 실비를 받아야 한다. 그러므로 A시가 속한 시·도의 조례에서 정한 기준에 따라 중개보수를 받아야 한다.
ㄹ. 건축물 중 주택의 면적이 2분의 1 이상인 경우에는 주택의 중개보수를 적용하고, 주택의 면적이 2분의 1 미만인 경우에는 주택 외의 중개보수를 적용한다. 그러므로 주택의 중개에 대한 보수 규정을 적용한다.

18. ③
난이도 中

개업공인중개사는 부동산거래정보망에 중개대상물에 관한 정보를 거짓으로 공개하여서는 안 되며, 공개한 중개대상물의 거래가 이루어진 때에는 이를 지체 없이 해당 거래정보사업자에게 통보해야 한다. 이를 위반한 경우는 업무정지처분만 할 수 있는 사유이다.

19. ①
난이도 下

공제사업의 운영위원회 위원장 및 부위원장은 위원 중에서 각각 호선(互選)한다.

20. ①
난이도 下

다음에 해당하는 자는 해당 지방자치단체의 조례가 정하는 바에 따라 수수료를 납부하여야 한다.

1. 공인중개사자격시험에 응시하는 자
2. 공인중개사자격증의 재교부를 신청하는 자
3. 중개사무소의 개설등록을 신청하는 자
4. 중개사무소등록증의 재교부를 신청하는 자
5. 분사무소설치의 신고를 하는 자
6. 분사무소설치신고확인서의 재교부를 신청하는 자

21. ②
난이도 中

ㄷ. 자격정지기간 중에 다른 개업공인중개사인 법인의 임원이 된 경우는 자격취소 사유이다.
ㄱ. 공인중개사의 직무와 관련하여 「형법」상 사기죄로 금고형 또는 징역형을 선고받은 경우가 자격취소 사유이며 벌금형을 선고받은 경우는 자격취소 사유가 아니다.
ㄴ. 둘 이상의 중개사무소에 소속된 경우는 자격정지사유이다.

22. ③
난이도 下

둘 이상의 중개사무소를 둔 경우는 등록을 취소할 수 있는 임의적 등록취소사유에 해당한다.

23. ⑤
난이도 下

자격취소 후 자격증의 반납은 자격증을 교부한 시·도지사에게 하여야 한다.

24. ②
난이도 中

ㄱ. 서로 다른 둘 이상의 거래계약서를 작성한 경우는 개업공인중개사의 임의적 등록취소사유인데 업무정지사유에도 해당하므로 업무정지사유와 자격정지사유에 공통으로 속한다.
ㄴ. 거래계약서에 서명 및 날인하지 아니한 경우는 업무정지사유와 자격정지사유에 공통으로 속한다.
ㄷ. 거래계약서를 교부하지 않거나 보존하지 않은 경우는 개업공인중개사의 업무정지사유에만 해당한다.
ㄹ. 중개대상물 확인·설명을 함에 있어서 설명의 근거자료를 제시하지 아니한 경우는 개업공인중개사의 500만원 이하의 과태료사유이며, 소속공인중개사의 자격정지사유이다.

25. ①
난이도 下

① 100만원 이하의 과태료부과사유이다.
②③④⑤ 500만원 이하의 과태료부과사유이다.

26. ③
난이도 上

②③ 甲이 지방자치단체이므로 지방자치단체가 단독으로 주택 임대차 계약의 신고를 해야 한다.
① 광역시의 군에 소재하는 보증금 6천만원 초과 또는 월차임 30만원 초과인 주택 임대차계약은 신고대상에 포함된다.
④ 임차인이 「주민등록법」에 따라 전입신고를 하는 경우 이 법에 따른 주택 임대차 계약의 신고를 한 것으로 본다.
⑤ 임대차계약당사자는 주택 임대차 계약을 신고한 후 해당 임대차 계약의 보증금, 차임 등 임대차 가격이 변경되거나 임대차 계약이 해제된 때에는 변경 또는 해제가 확정된 날부터 30일 이내에 해당 신고관청에 공동으로 신고하여야 한다. 다만, 일방이 국가 등인 경우에는 국가 등이 신고하여야 한다.

27. ③
난이도 上

ㄴ. 「주택법」상 조정대상지역에 소재하는 주택의 경우 매수인인 자연인 乙은 자금의 조달계획 및 지급방식을 신고해야 하지만 자금의 조달계획을 증명하는 서류를 첨부하지는 않는다.

1. 법인이 주택거래계약을 체결하는 경우 매도법인 및 매수법인은 모두 법인의 현황에 관한 사항을 신고해야 한다. 법인의 현황에 관한 사항은 법인의 등기현황과 거래상대방 간의 관계를 말한다.
2. 자연인이 비규제지역에서 실제 거래가격이 6억원 이상인 주택을 매수하거나 「주택법」투기과열지구 또는 조정대상지역에 소재하는 주택을 매수하는 경우에는 아래의 내용을 추가로 신고해야 한다.
   1) 거래대상 주택의 취득에 필요한 자금의 조달계획 및 지급방식. 이 경우 투기과열지구에 소재하는 주택의 거래계약을 체결한 경우 매수자는 자금의 조달계획을 증명하는 서류를 첨부해야 한다.
   2) 거래대상 주택에 매수자 본인이 입주할지 여부, 입주 예정 시기 등 주택의 이용계획

28. ④ 난이도 中

ㄱ. 개업공인중개사가 계약체결일부터 30일 이내에 신고해야 하며 거래당사자는 신고의무가 없다.
ㄴ. 거래당사자는 부동산 거래신고를 한 후 해당 거래계약이 해제, 무효 또는 취소된 경우 해제 등이 확정된 날부터 30일 이내에 해당 신고관청에 공동으로 신고해야 한다.
ㄷ. 개업공인중개사가 부동산 거래신고를 한 경우에는 개업공인중개사가 해제등신고를 할 수 있다.

29. ⑤ 난이도 下

외국인 등이 계약 외(상속, 경매, 확정판결, 환매권 행사, 법인의 합병, 건축물의 신축·증축·개축·재축)의 원인으로 대한민국 안의 부동산 등을 취득한 때에는 부동산 등을 취득한 날부터 6개월 이내에 신고관청에 신고해야 한다.

30. ④ 난이도 上

① 면적을 산정할 때 일단(一團)의 토지이용을 위하여 토지거래계약을 체결한 날부터 1년 이내에 일단의 토지 일부에 대하여 토지거래계약을 체결한 경우에는 그 일단의 토지 전체에 대한 거래로 본다.
② 허가관청은 취득하려는 면적이 그 토지의 이용목적으로 보아 적합하지 아니하다고 인정되는 경우에는 허가해서는 안 된다.
③ 국토교통부장관, 시·도지사, 시장·군수 또는 구청장은 다음의 어느 하나에 해당하는 자에게 허가 취소 또는 그 밖에 필요한 처분을 하거나 조치를 명할 수 있다.
㉠ 토지거래계약에 관한 허가 또는 변경허가를 받지 아니하고 계약 또는 그 변경계약을 체결한 자
㉡ 부정한 방법으로 토지거래계약에 관한 허가를 받은 자
㉢ 토지거래계약에 관한 허가를 받은 자가 그 토지를 허가받은 목적대로 이용하지 아니한 자
⑤ 허가신청에 대하여 불허가의 처분을 받은 자는 그 통지를 받은 날부터 1개월 이내에 <u>시장·군수 또는 구청장</u>에게 해당 토지에 관한 권리의 매수를 청구할 수 있다.

31. ③ 난이도 中

ㄱ. 국토교통부장관 또는 시·도지사는 허가구역을 지정하려면 중앙도시계획위원회 또는 시·도도시계획위원회의 심의를 거쳐야 한다. 즉, 허가구역을 지정하는 경우에는 의견청취를 하지 않는다.
ㄷ. 허가구역의 지정·공고내용의 통지를 받은 시장·군수 또는 구청장은 지체 없이 그 공고내용을 그 허가구역을 관할하는 등기소의 장에게 통지해야 하며, 지체 없이 그 사실을 7일 이상 공고하고 15일간 일반이 열람할 수 있도록 해야 한다.

32. ④ 난이도 中

*시장·군수 또는 구청장은 다음에 해당하는 자를 관계 행정기관이나 수사기관에 신고하거나 고발한 자에게 예산의 범위에서 포상금을 지급할 수 있다.

1. 부동산 등의 실제 거래가격을 거짓으로 신고한 자 - 10% 이하의 과태료
2. 신고의무자가 아닌 자로서 부동산 등의 실제 거래가격을 거짓으로 신고한 자 - 10% 이하의 과태료
3. 부동산 등의 매매계약을 체결하지 아니하였음에도 불구하고 거짓으로 부동산 거래신고를 한 자 - 3천만원 이하의 과태료
4. 부동산 거래신고 후 해당 계약이 해제 등이 되지 아니하였음에도 불구하고 거짓으로 해제 등의 신고를 한 자 - 3천만원 이하의 과태료
5. 주택 임대차 계약의 보증금·차임 등 계약금액을 거짓으로 신고한 자 - 1백만원 이하의 과태료
6. 토지거래허가 또는 변경허가를 받지 아니하고 토지거래계약을 체결한 자 또는 거짓 그 밖의 부정한 방법으로 토지거래계약허가를 받은 자 - 2년 이하의 징역 또는 공시지가 100분의 30 이하의 벌금
7. 토지거래허가를 받아 취득한 토지에 대하여 허가받은 목적대로 이용하지 아니한 자
- 이행명령 및 이행강제금

33. ③ 난이도 中

③ 乙의 등기는 무효이므로 乙은 甲에게 X토지의 반환을 청구할 수 없다.
① 甲과 丙의 매매계약은 유효하므로 甲은 丙에게 X토지의 소유권이전을 청구할 수 있다.
② 소유권은 丙에게 있으므로 丙은 乙에게 X토지의 소유권이전등기말소를 청구할 수 있다.
④ 甲은 乙에게 부당이득반환을 원인으로 소유권이전등기를 청구할 수 없다.
⑤ 甲은 소유권을 취득하지 못하므로 甲은 乙에게 X토지의 소유권이전등기말소를 청구할 수 없다.

34. ④ 난이도 中

관리단집회 결의나 다른 구분소유자의 동의 없이 구분소유자 1인이 공용부분을 독점적으로 점유 사용하는 경우, 다른 구분소유자는 공용부분의 보존행위로서 그 인도를 청구할 수는 없고, 자신의 지분권에 기초하여 공용부분에 대한 방해 상태를 제거하거나 공동 점유를 방해하는 행위의 금지 등을 청구할 수 있다(2019다245822).

35. ② 난이도 上

ㄱ. 허가를 받을 것을 전제로 한 거래계약은 허가받기 전의 상태에서는 거래계약의 채권적 효력도 전혀 발생하지 않으므로 권리의 이전 또는 설정에 관한 어떠한 내용의 이행청구도 할 수 없다(90다12243).
ㄴ. 유동적 무효상태에서는 계약금 등을 부당이득을 이유로 반환청구할 수 없다(91다21435). 매매계약이 확정적 무효가 되는 경우 매수인은 계약금을 부당이득으로 반환을 구할 수 있다(2007다76603).

36. ④ 난이도 下

④ 임차인의 계약갱신요구에 의하여 갱신된 경우 임차인은 언제든지 임대인에게 계약해지를 통지할 수 있으며 해지는 임대인이 그 통지를 받은 날부터 3개월이 지나면 그 효력이 발생한다.
② 임차인이 임대차 종료 후 동시이행항변권을 근거로 임차목적물을 계속 점유하고 있는 경우, 보증금반환채권에 대한 소멸시효는 진행하지 않는다(2016다244224).

37. ⑤ 난이도 上

환산보증금을 초과하는 상가 임대차이다.
ㄱ. 환산보증금을 초과하는 상가 임대차에서 기간을 정하지 않았거나 1년 미만으로 정한 경우 임차인은 1년의 존속기간을 주장할 수 없다.
ㄴ. 환산보증금을 초과하는 임대차에서 '기간을 정하지 않은 경우'는 「민법」의 적용을 받는다. 이에 따라 임대인은 언제든지 해지를 통고할 수 있으므로 임대차기간이 정해져 있음을 전제로 기간 만료 6개월 전부터 1개월 전까지 사이에 행사하도록 규정된 임차인의 계약갱신요구권은 발생할 여지가 없다(2021다233730).
ㄷ. 환산보증금을 초과하는 상가 임대차에서 임차인의 우선변제권은 인정되지 않는다.

38. ② 난이도 中

① 매각 부동산 위의 모든 저당권은 매각으로 소멸한다.
③ 경매개시결정등기 이전에 성립된 유치권의 경우, 매수인은 유치권자에게 그 유치권으로 담보하는 채권을 변제할 책임이 있으며, 압류의 효력이 발생(경매개시결정등기)한 이후에 성립된 유치권은 매수인에게 대항할 수 없으므로 매수인은 유치권의 채권을 변제할 책임이 없다.
④ 대금지급기일이 아니라 대금지급기한이 옳다.
⑤ 재매각에서 종전 매수인은 매수신청을 할 수 없으며 매수신청보증을 돌려 줄 것을 요구하지 못한다.

39. ④ 난이도 上

④ 「공인중개사법」에 따라 중개사무소 개설등록이 취소된 경우에는 매수신청대리인 등록을 취소하여야 하며, 「공인중개사법」에 따라 업무의 정지를 당한 경우에는 매수신청대리인 업무를 정지하는 처분을 하여야 한다.

40. ⑤ 난이도 上

개업공인중개사는 다음 각 호의 어느 하나에 해당하는 경우에는 그 사유가 발생한 날로부터 10일 이내에 지방법원장에게 그 사실을 신고하여야 한다.

> 1. 중개사무소를 이전한 경우
> 2. 분사무소를 설치한 경우
> 3. 중개업을 휴업 또는 폐업한 경우
> 4. 공인중개사 자격이 취소된 경우
> 5. 공인중개사 자격이 정지된 경우
> 6. 중개사무소 개설등록이 취소된 경우
> 7. 중개업무가 정지된 경우

수고하셨습니다.
당신의 합격을 응원합니다.

www.pmg.co.kr

박문각 공인중개사

성 명 (필적감정용)
홍 길 동

교시 기재란
(1)교시 ① ● ③

형별 기재란
A형 ●

선 택 과 목 1

선 택 과 목 2

수 험 번 호								
0	1	3	2	9	8	0	1
⓪	⓪	⓪	⓪	●	⓪	●	⓪
①	●	①	①	①	①	①	●
②	②	②	●	②	②	②	②
③	③	●	③	③	③	③	③
④	④	④	④	④	④	④	④
⑤	⑤	⑤	⑤	⑤	⑤	⑤	⑤
⑥	⑥	⑥	⑥	⑥	⑥	⑥	⑥
⑦	⑦	⑦	⑦	⑦	⑦	⑦	⑦
⑧	⑧	⑧	⑧	⑧	●	⑧	⑧
⑨	⑨	⑨	⑨	⑨	⑨	⑨	⑨

감독위원 확인
김 ㉹ 독

마킹주의	
바르게 마킹 :	●
잘못 마킹 :	⊗, ⊙, ⓥ, ⓞ, ⊖, ⊙, ⊚

――――― (예 시) ―――――

수험자 유의사항

1. 시험 중에는 통신기기(휴대전화·소형 무전기 등) 및 전자기기(초소형 카메라 등)를 소지하거나 사용할 수 없습니다.
2. 부정행위 예방을 위해 시험문제지에도 수험번호와 성명을 반드시 기재하시기 바랍니다.
3. **시험시간이 종료되면 즉시 답안작성을 멈춰야** 하며, 종료시간 이후 계속 답안을 작성하거나 감독위원의 답안카드 제출지시에 불응할 때에는 당해 시험이 무효처리 됩니다.
4. 기타 감독위원의 정당한 지시에 불응하여 타 수험자의 시험에 방해가 될 경우 퇴실조치 될 수 있습니다.

답안카드 작성 시 유의사항

1. 답안카드 기재·마킹 시에는 반드시 검은색 사인펜을 사용해야 합니다.
2. 답안카드를 잘못 작성했을 시에는 카드를 교체하거나 수정테이프를 사용하여 수정할 수 있습니다. 그러나 불완전한 수정처리로 인해 발생하는 전산자동판독불가는 풀이익은 수험자의 귀책사유입니다.
   - 수정테이프 이외의 수정액, 스티커 등은 불가
   - 답안카드 왼쪽(성명·수험번호 등)을 제외한 '답안란'만 수정테이프로 수정 가능
3. 성명란은 수험자 본인의 성명을 정자체로 기재합니다.
4. 교시 기재란은 해당교시를 기재하고 해당 란에 마킹합니다.
5. 시험문제지 형별기재란에 표시된 형별(A형 공통)을 마킹합니다.
6. 수험번호란은 숫자로 기재하고 아래 해당번호에 마킹합니다.
7. 시험문제지 형별 및 수험번호 등 마킹착오로 인한 불이익은 전적으로 수험자의 귀책사유입니다.
8. 감독위원의 날인이 없는 답안카드는 무효처리 됩니다.
9. 시단과 우측의 검은색 표시(▮▮▮) 부분은 낙서를 금지합니다.
10. 답안카드의 채점은 전산 판독결과에 따르며, 마킹누락, 마킹착오, 불완전한 마킹 등은 수험자의 귀책사유에 해당하므로 이의제기를 하더라도 받아들여지지 않습니다.

부정행위 처리규정

시험 중 다음과 같은 행위를 하는 자는 당해 시험을 무효처리하고 자격별 관련 규정에 따라 일정기간 동안 시험에 응시할 수 있는 자격을 정지합니다.

1. 시험과 관련된 대화, 답안카드 교환, 다른 수험자의 답안·문제지를 보고 답안 작성, 대리시험을 치르거나 치르게 하는 행위, 시험 문제 내용과 관련된 물건을 휴대하거나 이를 주고받는 행위
2. 시험장 내외로부터 도움을 받아 답안을 작성하는 행위, 공인어학성적 및 응시자격서류를 허위기재하여 제출하는 행위
3. 통신기기(휴대전화·소형 무전기 등) 및 전자기기(초소형 카메라 등)를 휴대하거나 사용하는 행위
4. 다른 수험자와 성명 및 수험번호를 바꾸어 작성·제출하는 행위
5. 기타 부정 또는 불공정한 방법으로 시험을 치르는 행위

성 명 (필적 감정용)
홍 길 동

교시 기재란
(1)교시 ● ② ③

형별 기재란	A형 ●

선택 과목 1

선택 과목 2

수 험 번 호
0 1 3 2 9 8 0 1

(수험번호 마킹표: 각 자리마다 0~9 동그라미에 해당 숫자 마킹)

감독위원 확인
김 ㊞ 독

마킹주의	바르게 마킹 : ●
	잘못 마킹 : ⊗, ⊙, ⊘, ◎, ⦵, ⊖, ⊙, ▨

──────── (예 시) ────────

수험자 유의사항

1. 시험 중에는 통신기기(휴대전화 · 소형 무전기 등) 및 전자기기(초소형 카메라 등)를 소지하거나 사용할 수 없습니다.
2. 부정행위 예방을 위해 시험문제지에도 수험번호와 성명을 반드시 기재하시기 바랍니다.
3. **시험시간이 종료되면 즉시 답안작성을 멈춰야** 하며, 종료시간 이후 계속 답안을 작성하거나 감독위원의 답안카드 제출지시에 불응할 때에는 당해 시험이 무효처리 됩니다.
4. 기타 감독위원의 정당한 지시에 불응하여 타 수험자의 시험에 방해가 될 경우 퇴실조치 될 수 있습니다.

답안카드 작성 시 유의사항

1. 답안카드 기재 · 마킹 시에는 반드시 검은색 사인펜을 사용해야 합니다.
2. 답안카드를 잘못 작성했을 시에는 카드를 교체하거나 수정테이프를 사용하여 수정할 수 있습니다.
   그러나 불완전한 수정처리로 인해 발생하는 전산자동판독불가는 수험자의 귀책사유입니다.
   - 수정테이프 이외의 수정액, 스티커 등은 사용 불가
   - 답안카드 왼쪽(성명 · 수험번호 등)을 제외한 '답안란'만 수정테이프로 수정 가능
3. 성명란은 수험자 본인의 성명을 정자체로 기재합니다.
4. 교시 기재란은 해당교시를 기재하고 해당 란에 마킹합니다.
5. 시험문제지 형별기재란에 표시된 형별(A형 공통)을 마킹합니다.
6. 수험번호란은 숫자로 기재하고 이래 해당번호에 마킹합니다.
7. 시험문제지 형별 및 수험번호 등 마킹착오로 인한 불이익은 전적으로 수험자의 귀책사유입니다.
8. 감독위원이 답안카드 낙인이 없는 답안카드는 무효처리 됩니다.
9. 상단과 우측의 검은색 띠(▌▌▌) 부분은 낙서를 금지합니다.
10. 답안카드의 채점은 전산 판독결과에 따르며, 마킹누락, 마킹착오, 불완전한 마킹 등은 수험자의 귀책사유에 해당하므로 이의제기를 하더라도 받아들여지지 않습니다.

부정행위 처리규정

시험 중 다음과 같은 행위를 하는 자는 당해 시험을 무효처리하고 자격별 관련 규정에 따라 일정기간 동안 시험에 응시할 수 있는 자격을 정지합니다.

1. 시험과 관련된 대화, 답안카드 교환, 다른 수험자의 답안 · 문제지를 보고 답안 작성, 대리시험을 치르거나 치르게 하는 행위, 시험 문제 내용과 관련된 물건을 휴대하거나 이를 주고받는 행위
2. 시험장 내외로부터 도움을 받아 답안을 작성하는 행위, 공인어학성적 및 응시자격서류를 허위기재하여 제출하는 행위
3. 통신기기(휴대전화 · 소형 무전기 등) 및 전자기기(초소형 카메라 등)를 휴대하거나 사용하는 행위
4. 다른 수험자와 성명 및 수험번호를 바꾸어 작성 · 제출하는 행위
5. 기타 부정 또는 불공정한 방법으로 시험을 치르는 행위

( )년도 ( )제( )차 국가전문자격시험 답안카드

성 명 (필적감정용)	
	홍 길 동

교시 기재란
(1)교시 ② ③

형별 기재란	A형 ●

선 택 과 목 1

선 택 과 목 2

수 험 번 호								
0	1	3	2	9	8	0	1	
	⓪	⓪	⓪	⓪	⓪	●	⓪	
●	①	①	①	①	①		●	
②	②	②	②	②	●	②	②	
③	③	●	③	●	③	③	③	
④	④	④	④	④	④	④	④	
⑤	⑤	⑤	⑤	⑤	⑤	⑤	⑤	
⑥	⑥	⑥	⑥	⑥	⑥	⑥	⑥	
⑦	⑦	⑦	⑦	⑦	⑦	⑦	⑦	
⑧	⑧	⑧	⑧	⑧	⑧	●	⑧	
⑨	⑨	⑨	⑨	●	⑨	⑨	⑨	

감독위원 확인
김 ㊞ 독

마킹주의	
바르게 마킹 :	●
잘못 마킹 :	⊗, ⊙, ⊘, ⊕, ⊖, ⊙, ⦵

———— (예 시) ————

수험자 유의사항

1. 시험 중에는 통신기기(휴대전화·소형 무전기 등) 및 전자기기(초소형 카메라 등)를 소지하거나 사용할 수 없습니다.
2. 부정행위 예방을 위해 시험문제지에도 수험번호와 성명을 반드시 기재하시기 바랍니다.
3. **시험시간이 종료되면 즉시 답안작성을 멈춰야** 하며, 종료시간 이후 계속 답안을 작성하거나 감독위원의 답안카드 제출지시에 불응할 때에는 당해 시험이 무효처리 됩니다.
4. 기타 감독위원의 정당한 지시에 불응하여 타 수험자의 시험에 방해가 될 경우 퇴실조치 될 수 있습니다.

답안카드 작성 시 유의사항

1. 답안카드 기재·마킹 시에는 반드시 검은색 사인펜을 사용해야 합니다.
2. 답안카드를 잘못 작성했을 시에는 카드를 교체하거나 수정테이프를 사용하여 수정할 수 있습니다.
 그러나 불완전한 수정처리로 인해 발생하는 전산자동판독불가 등 불이익은 수험자의 귀책사유입니다.
 - 수정테이프 이외의 수정액, 스티커 등 사용 불가
 - 답안카드 왼쪽(성명·수험번호 등)을 제외한 '답안란'만 수정테이프로 수정 가능
3. 성명란은 수험자 본인의 성명을 정자체로 기재합니다.
4. 교시 기재란은 해당교시를 기재하고 해당 란에 마킹합니다.
5. 시험문제지 형별기재란에 표시된 형별(A형 공통)을 마킹합니다.
6. 수험번호란은 숫자로 기재하고 아래 해당번호에 마킹합니다.
7. 시험문제지 형별 및 수험번호 등 마킹착오로 인한 불이익은 전적으로 수험자의 귀책사유입니다.
8. 감독위원의 날인이 없는 답안카드는 무효처리 됩니다.
9. 상단과 우측의 검은색 띠(▮▮▮) 부분은 낙서를 금지합니다.
10. 답안카드의 채점은 전산 판독결과에 따르며, 마킹착오, 마킹누락, 불완전한 마킹 등은 수험자의 귀책사유에 해당하므로 이의제기를 하더라도 받아들여지지 않습니다.

부정행위 처리규정

시험 중 다음과 같은 행위를 하는 자는 당해 시험을 무효처리하고 자격별 관련 규정에 따라 일정기간 동안 시험에 응시할 수 있는 자격을 정지합니다.

1. 시험과 관련된 대화, 답안카드 교환, 다른 수험자의 답안·문제지를 보고 답안 작성, 대리시험을 치르거나 치르게 하는 행위, 시험문제 내용과 관련된 물건을 휴대하거나 이를 주고받는 행위
2. 시험장 내외로부터 도움을 받아 답안을 작성하는 행위, 공인어학성적 및 응시자격서류를 허위기재하여 제출하는 행위
3. 통신기기(휴대전화·소형 무전기 등) 및 전자기기(초소형 카메라 등)를 휴대하거나 사용하는 행위
4. 다른 수험자와 성명 및 수험번호를 바꾸어 작성·제출하는 행위
5. 기타 부정 또는 불공정한 방법으로 시험을 치르는 행위